AF240634

MÉMOIRES
DU
GÉNÉRAL GALLIÉNI

DÉFENSE DE PARIS
25 Août - 11 Septembre 1914

Aux Parisiennes et aux Parisiens
qui ont vécu avec moi ces journées
tragiques, je dédie ce volume.

GÉNÉRAL GALLIÉNI.
(Juin 1915.)

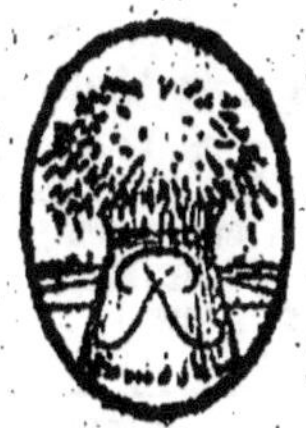

PAYOT, PARIS

MÉMOIRES

DU

GÉNÉRAL GALLIÉNI

DÉFENSE DE PARIS

25 Août-11 Septembre 1914

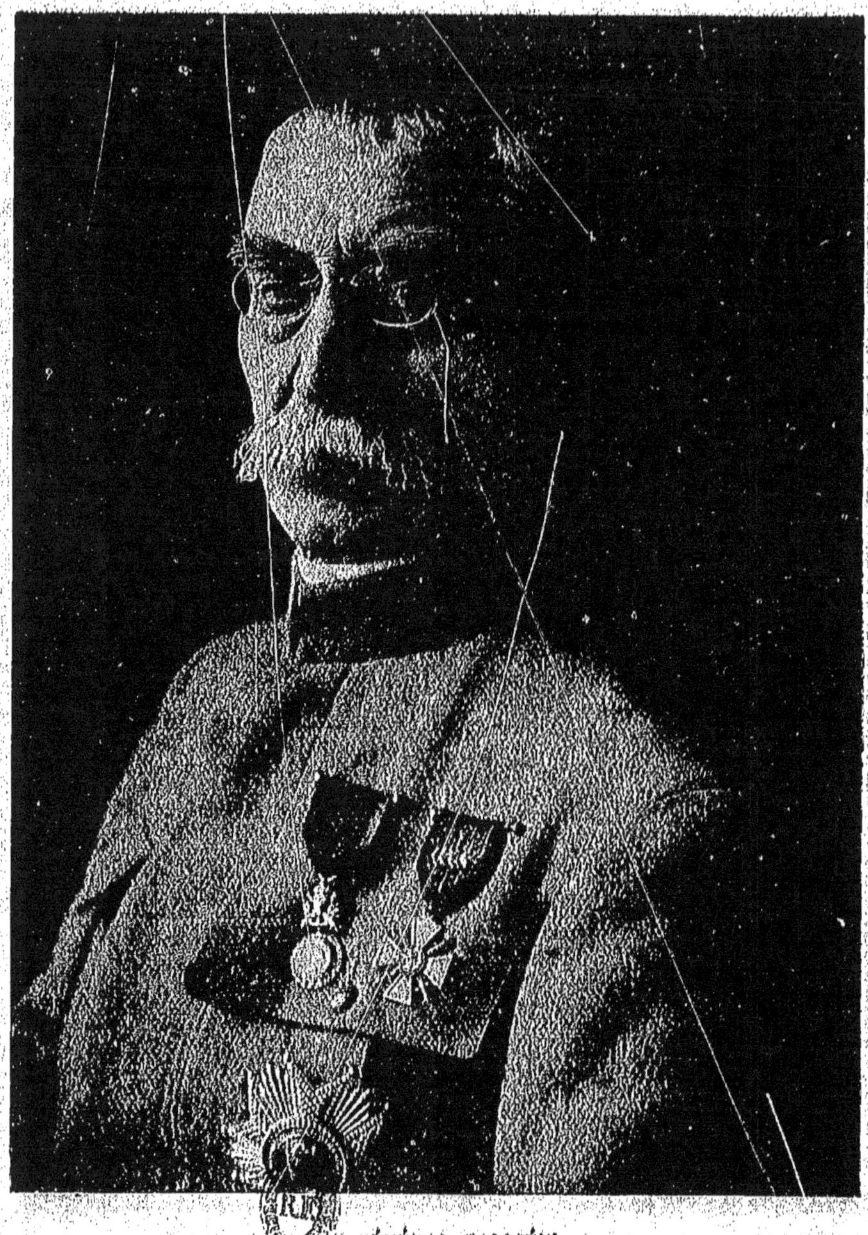

LE GÉNÉRAL GALLIÉNI

GOUVERNEUR MILITAIRE DE PARIS (26 août 1914-30 octobre 1915)

COLLECTION DE MÉMOIRES, ÉTUDES ET DOCUMENTS
POUR SERVIR A
L'HISTOIRE DE LA GUERRE MONDIALE

MÉMOIRES

DU

GÉNÉRAL GALLIÉNI

DÉFENSE DE PARIS

25 Août - 11 Septembre 1914

AVEC 4 PHOTOGRAPHIES HORS TEXTE,
8 FAC-SIMILÉS D'AUTOGRAPHES ET D'AFFICHES
7 CARTES EN DÉPLIÉ ET DE NOMBREUX DOCUMENTS

PAYOT & Cie, PARIS
106, BOULEVARD SAINT-GERMAIN

1920

Dans les mois qui ont suivi la Bataille de la Marne, le Général Galliéni, profitant de l'inaction où le Gouvernement crut devoir le laisser au lieu de lui confier un commandement actif sur le front, rédigea le récit des circonstances dans lesquelles il fut appelé à défendre Paris en Septembre 1914 et à déclencher, par une initiative hardie, les combats de l'Ourcq qui ont arrêté la marche de l'envahisseur.

Ce récit, écrit au courant de la plume, est entièrement de la main du Général Galliéni, qui le termina en Juin 1915, et, sans le relire, le mit en réserve avec l'intention de ne le publier qu'après la Victoire.

Suivant la volonté du Général, cet ouvrage devait être, non pas un instrument de polémique, mais un *exposé de faits avec documents irréfutables à l'appui*, montrant clairement la part prise dans les événements de Septembre 1914 par le Gouverneur Militaire de Paris, part qui fit dire à M. Clemenceau, dans le discours prononcé à la Chambre des Députés le 11 Novembre 1918 à l'occasion de l'armistice : ... « Sans Galliéni, la Victoire eût été impossible »...

C'est pourquoi, remplissant un pieux devoir et interprètes fidèles de sa volonté, nous publions aujourd'hui ce manuscrit tel qu'il a été rédigé par le Général Galliéni, estimant qu'il valait mieux laisser subsister quelques négligences de style plutôt que de risquer, par des corrections inopportunes, une déformation de la pensée de l'auteur.

Nous croyons également utile de prévenir les lecteurs que le manuscrit faisant l'objet du présent volume est le *seul* laissé par le Général Galliéni concernant la Bataille de la Marne, à l'exclusion de tous autres documents qui ont pu ou pourraient être publiés sous l'égide de son nom.

LES ENFANTS DU GÉNÉRAL GALLIÉNI.

AVANT-PROPOS

Le 24 avril 1914, j'étais atteint par la limite d'âge. Le gouvernement, tenant compte de mes services aux colonies, me maintenait au cadre d'activité, mais non dans mes fonctions.

Je passais donc au général Lanrezac, mon successeur, ma place au Conseil supérieur de la guerre et le commandement de la 5ᵉ armée que j'exerçais depuis trois ans. Cette armée, comme l'on sait, était précisément celle qui constituait l'aile gauche du groupe de nos armées de l'Est.

Naturellement, pendant ces trois ans, je m'étais efforcé de préparer les officiers de l'État-Major de cette armée au rôle qu'ils auraient à remplir en cas de guerre. Tous nos voyages d'État-Major, travaux sur la carte, études de toutes sortes, avaient donc porté sur le futur théâtre d'opérations de cette armée, sur les conditions dans lesquelles elle aurait à intervenir et sur l'adversaire contre lequel elle aurait à faire face.

J'avais pu ainsi me convaincre rapidement que cette armée, composée des 1ᵉʳ, 2ᵉ, 3ᵉ, 10ᵉ et 11ᵉ corps, était trop peu nombreuse pour remplir la tâche qui lui était dévolue. Deux manœuvres sur la carte, l'une que j'avais dirigée en 1911 en présence des officiers du Centre des Hautes Études militaires, et l'autre dans les premiers mois de 1914, m'avaient permis de déduire des conclusions précises que j'avais soumises, avec mes desiderata, au chef d'État-Major général de l'Armée.

Dans cette dernière manœuvre (début 1914) nous nous

étions mis du côté allemand. Guidés par les renseignements que nous avions pu recueillir auprès du 2ᵉ bureau de l'État-Major général de l'Armée sur les corps allemands des provinces rhénanes, sur leurs garnisons, sur les quais d'embarquement et de débarquement des villes bordant les frontières du Luxembourg et de la Belgique, et sur les projets militaires de nos voisins, nous avions admis l'hypothèse que les Allemands formeraient un groupe de 3 armées qui entreraient en Belgique en prenant comme objectifs respectivement : Longuyon, Sedan et Hirson. Ces armées constitueraient une force de 11 corps précédés de 7 divisions de cavalerie. De notre côté, la 5ᵉ armée, ne comprenant que 5 corps d'armée et 3 divisions de cavalerie, avait tout juste le temps de border la Meuse de Mézières à Consenvoye en admettant que la mobilisation allemande eût deux jours d'avance sur la nôtre, ce qui était accepté à ce moment, puisque, selon toutes les probabilités, c'est aux Allemands qu'appartiendrait l'initiative de l'offensive et par suite le choix du moment où ils déclencheraient leur mobilisation. Nous étions suffisamment orientés sur les procédés de guerre de nos adversaires pour être fixés sur leurs intentions à ce sujet.

Quoi qu'il en soit, les études spéciales faites à l'État-Major de la 5ᵉ armée, et notamment les deux exercices mentionnés ci-dessus, m'avaient déterminé à écrire à l'État-Major de l'armée pour lui démontrer la nécessité : d'une part, de renforcer Maubeuge de manière à en faire une puissante tête de front sur la Sambre ; d'autre part, d'organiser défensivement les hauteurs de la rive gauche de la Meuse, entre Verdun et Mézières.

Malheureusement, l'État-Major général de l'Armée, estimant que nous avions déjà trop de places fortes sur notre frontière du Nord-Est, n'avait pas cru devoir admettre les propositions faites pour Maubeuge. Il avait admis l'utilité de l'organisation défensive de la rive gauche de la Meuse ; mais, en raison des lenteurs de transmission de ses bureaux, les

études avaient commencé tardivement et rien n'était encore
fait au moment de l'ouverture des hostilités. Les conséquences de ces retards devaient avoir, dès l'ouverture de la
campagne, une gravité particulière.

Il est intéressant de signaler ici que le *Journal des
Sciences militaires* avait publié une étude très remarquée
sur la concentration allemande; cette étude concluait, comme
la mienne, à la nécessité pour les Allemands de négliger la
neutralité du Luxembourg et de la Belgique et de prendre
immédiatement l'offensive contre la France, avant que la
Russie et l'Angleterre aient pu venir à son aide. Un groupe
de 3 armées, renforcé de 2 corps de cavalerie et d'un groupe
de divisions de réserve, devait franchir la frontière française
le 10e jour de la mobilisation et prendre pied aussitôt sur les
hauteurs dominant la Meuse, pour déborder ensuite l'aile
gauche des armées françaises, les couper de Paris et les rejeter
vers le Sud. L'héroïque défense de la Belgique a déjoué ce
plan; mais cette étude montrait aussi, deux mois avant la
guerre, l'obligation où nous nous trouvions de donner à
notre armée d'aile gauche une force suffisante pour résister à
la menace de débordement annoncé, et, d'un autre côté,
d'organiser fortement la défense de la région des Ardennes et
de la rive gauche de la Meuse.

Il est fâcheux que ces avis divers n'aient pas été entendus,
et que les travaux de défense de la Meuse n'aient pas été
poussés plus énergiquement; et surtout que notre plan de
concentration initial n'ait pas voulu tenir compte de ces
avertissements et nous ait conduits à la désastreuse bataille
de Charleroi et à l'invasion qui en a été la conséquence (1).

D'autre part, j'avais profité de mon passage au conseil

---

(1) Les différents rapports que j'ai adressés à l'État-Major général
de l'armée pour demander l'organisation du camp retranché de
Maubeuge et le renforcement de la concentration sur notre frontière
du nord-est n'ont pu malheureusement convaincre celui-ci, puisque
le plan de concentration, établissant le gros de nos forces dans l'Est,
a maintenu dégarni le front qui devait supporter, suivant les conclusions de mes rapports, le plus gros effort de l'adversaire.

supérieur de la guerre pour réclamer la constitution de l'artillerie lourde de campagne, dont l'absence a été la principale cause de notre infériorité au début de la guerre. Les extraits des procès-verbaux de deux séances du conseil supérieur de la guerre en octobre 1913 et en mars 1914 (1) montrent quel était mon souci à cet égard.

Malheureusement, je n'avais pu être écouté, et ce n'est qu'en novembre 1915 qu'une lettre d'un de mes anciens officiers, chef d'état-major de la 5° armée, m'annonçait que satisfaction était donnée à mes demandes :

...« Sur le front, nous travaillons de notre mieux. On se décide enfin à commencer les organisations d'artillerie lourde que vous aviez réclamées dès 1911, dans le rapport que vous aviez adressé à M. Messimy, la veille de la chute du général Michel. Mais il y a tant à faire! (Instruction de la troupe, instruction des cadres, instruction des sous-officiers.)

---

(1) (Extrait du procès-verbal du 15 octobre 1913)... *M. le général Galliéni* ne se rallie à ces conclusions que sous la réserve expresse que la constitution de l'artillerie lourde de campagne, en organe d'armée, est une solution provisoire.

Les arguments du rapport de présentation ne lui paraissent pas convaincants; notamment celui qui vise l'alourdissement des colonnes. Par contre, il estime que le commandement de l'armée ne sera jamais en mesure de faire entrer en action l'artillerie lourde au moment du besoin. A son avis, les corps d'armée doivent posséder toute l'artillerie qui leur est nécessaire, surtout en face des corps allemands dotés d'obusiers de 15 c; portant à 7 et 8 kilomètres.

D'autre part, il ne se rallie pas à l'avis exprimé pour ce qui est relatif à l'avis à donner à l'artillerie lourde. Les commandants de corps d'armée, comme on a pu s'en rendre compte, éprouvent une certaine gêne lorsqu'ils ont à employer de l'artillerie lourde; ils doivent donc apprendre à s'en servir, et, par conséquent, en disposer dès le temps de paix.

. . . .

M. le général Galliéni expose à nouveau l'idée qu'il serait utile de donner à chaque corps d'armée 2 ou 3 batteries de 105.

(Extrait du procès-verbal du 7 mars 1914...) *M. le général Galliéni*, qui a la charge du commandement d'une armée sur la frontière du nord-est, se croit obligé de demander la réduction du nombre des batteries aux colonies, pour créer de l'artillerie lourde de campagne et pouvoir disposer, sur le théâtre principal d'opérations, des moyens aussi puissants que l'adversaire.

Le matériel, nous affirme-t-on, sortira sans trop tarder. Je crois devoir insister sur la nécessité de lui donner de la mobilité. Les seuls obusiers que nous ayons eus au début de la campagne étaient ceux qui avaient été demandés par vous en 1913 (1) »...

Ce n'est pas sans regrets que j'ai dû renoncer au commandement de la 5ᵉ armée à un moment où la situation politique en Europe paraissait si tendue. Mais le général Lanrezac était considéré comme l'un de nos meilleurs manœuvriers et je savais que la 5ᵉ armée serait en bonnes mains.

J'ajouterai, qu'à cette même époque, j'étais muni d'une lettre de service du mois de décembre 1912 signée de M. Millerand, ministre de la Guerre, qui me prescrivait de me préparer, par l'étude des dossiers de nos armées de l'Est, à la succession éventuelle du général commandant en chef ces armées.

Retiré à Saint Raphaël, où je comptais enfin prendre le repos nécessité par mes campagnes coloniales qui s'étaient prolongées d'une manière presque ininterrompue depuis mon entrée en service, j'étais frappé, le 27 juillet, par le deuil le plus cruel.

Le 1ᵉʳ août, un avis téléphonique et un télégramme du ministre de la Guerre me prescrivaient de rentrer à Paris d'extrême urgence. Je prenais le train le soir même. L'ordre de mobilisation venait d'arriver au chef de gare qui l'affichait sur les murs de la station. Déjà, d'ailleurs, dans cette petite localité, les gendarmes avaient commencé à distribuer les ordres d'appel.

Arrivé à Paris le 2 août, je m'empressais de me rendre auprès du général Joffre qui m'informait que j'avais été confirmé dans mes fonctions de successeur éventuel du général commandant en chef. Je me rendais ensuite auprès de M. Messimy qui me faisait remettre par son cabinet la lettre

____

(1) Extrait d'une lettre en date du 20 novembre 1915.

de commandement me confiant ces fonctions (1). Il ajoutait
que c'était sur la proposition du général Joffre que le conseil
des ministres avait pris cette décision. « Nul, avait dit le
général en chef, n'a l'autorité du général Galliéni sur les
commandants d'armées et n'est plus apte que lui à recueillir,
en cas d'événements, une succession à laquelle il s'est préparé depuis dix-huit mois. » M. Messimy savait d'ailleurs —
et il voulait bien me le dire — que nos relations réciproques
étaient telles qu'il nous serait facile d'établir de suite le
genre de concours que je pouvais apporter au généralissime
dans les fonctions éventuelles qui m'avaient été confiées.

Quelques années auparavant, j'avais eu le général Joffre
sous mes ordres à Madagascar. Dans les premiers mois de
1900, les relations s'étaient tendues entre la France et l'Angleterre, sa fidèle alliée d'aujourd'hui. Il avait fallu prendre,
dans la plupart de nos colonies, des mesures de défense et de
protection contre une attaque éventuelle des Anglais. C'est
ainsi que, à Madagascar, j'avais insisté pour la création d'un
point d'appui sérieux à Diégo-Suarez, port et rade magnifiques
situés à l'extrémité nord de la grande île. Le gouvernement
avait décidé, dans les premiers mois de 1900, l'envoi d'une
force d'une certaine importance qui devait avoir pour objet
la protection de nos établissements militaires et maritimes de
Diégo-Suarez, et surtout l'organisation et la construction
d'un camp retranché devant forcer l'adversaire à déployer
des ressources importantes pour son investissement et son
enlèvement.

Pour commander cette force, j'avais demandé le général
Joffre. Je ne le connaissais pas, mais je savais qu'il avait pris
part à plusieurs expéditions aux colonies et s'y était distingué.
De plus, sa science d'ingénieur militaire était très appréciée
dans notre armée. Je n'eus pas à me repentir de mon choix,
comme le prouvent les extraits de mes ordres à la suite de
mes inspections successives de ses travaux de Diégo-Suarez

(1) Voir documents, page 201.

et notamment l'ordre (1) que je fis paraître au moment de son départ de la colonie, ordres dans lesquels, suivant une règle que je me suis toujours imposée dans mes commandements (et que, du reste, tout chef digne de ce titre doit s'imposer dans l'intérêt du bon rendement du personnel placé sous ses ordres), je m'effaçais complètement pour mettre en avant la personnalité et faire ressortir le mérite de mon subordonné (2).

Je retrouvai le général Joffre en France en 1905, lors de mon retour définitif de Madagascar. Lorsqu'il fut nommé chef d'État-Major général, en remplacement du général Michel, il demanda que je fusse désigné comme son adjoint et son successeur éventuel, ainsi qu'il résulte d'une lettre de service qui me fut délivrée à ce moment-là. Ainsi qu'on l'a vu, cette mission me fut continuée au début de la mobilisation.

Dès le 20 août, les événements commençaient à prendre une tournure peu favorable à nos armées, et les esprits réfléchis pouvaient craindre déjà la poussée des armées allemandes dans l'intérieur de notre territoire et jusque sous les murs de la capitale. Bien entendu, la majorité de nos conci-

---

(1) Voir page xv.

(2) Je n'ai pu m'empêcher de faire un rapprochement involontaire entre le texte de cet ordre et le texte ci-dessous, lorsque, longtemps après la bataille de la Marne (le 25 septembre 1915), le général Joffre, sur la demande de M. Millerand, crut devoir me citer à l'ordre de l'armée pour la part que j'avais prise à cette bataille et le fit en ces termes :

« (Grand quartier général des armées de l'Est) Ordre N° 1636 D.

« Le général commandant en chef cite à l'Ordre de l'Armée :

« M. le général Galliéni, gouverneur militaire et commandant les Armées de Paris :

« Commandant du Camp Retranché et des Armées de Paris, et placé, le 2 septembre 1914, sous les ordres du commandant en chef, a fait preuve des plus hautes qualités militaires :

« En contribuant, par les renseignements qu'il avait recueillis à déterminer la direction de marche prise par l'aile droite allemande ;

« En orientant judicieusement, pour participer à la bataille, les forces mobiles à sa disposition (VI° armée);

« En facilitant, par tous les moyens en son pouvoir, l'accomplissement de la mission assignée par le commandant en chef à ces forces mobiles.

« (Au grand quartier général, le 25 septembre 1915, le général commandant en chef, signé : J. Joffre.) »

toyens eût poussé les hauts cris si on lui avait, dès cette époque, prédit semblable chose ou pris des précautions en vue d'une telle éventualité.

A partir du 23 août, je fus convoqué tous les jours au ministère de la Guerre par M. Messimy pour y recevoir communication des télégrammes concernant les opérations transmises par le G. Q. G. On commence à s'occuper à la même date du Camp retranché de Paris, que l'on sent menacé et dont on sait la préparation insuffisante.

Le 24 août, les télégrammes du général Joffre dénoncent le manque d'esprit offensif de nos corps d'armée. La veille, le général Berthelot, aide-major général, avait eu cette phrase caractéristique en parlant des mesures prises le long de notre frontière de la Meuse et en prévision de l'offensive de Belgique. « Les acteurs sont en place ; la parole est aux exécutants. » Et deux jours après, le même officier général, devant l'insuccès de l'offensive sur Virton et Neufchâteau, disait : « Décidément, notre armée n'a pas l'esprit offensif. »

Cette offensive s'exerçait, d'ailleurs, dans les conditions les plus défavorables, puisque aucune position de repli n'avait été constituée en arrière, sur les fortes lignes de la Meuse, du Chiers, de la Semoy et des Ardennes. Pas une tranchée n'avait été creusée, pas un réseau de fil de fer n'avait été posé, alors que, au contraire, nos armées avaient été lancées contre un système formidable de défenses (tranchées, fils de fer, trous de loups, chevaux de frise) couvert par de l'artillerie lourde et ordinaire, par des mitrailleuses en nombre considérable, qui, en quelques heures, leur avaient infligé des pertes énormes, leur avaient enlevé leurs qualités offensives et avaient permis à l'adversaire de prendre pied dans cette région nord-est de la France où il est encore (juin 1915).

Paris, juin 1915.

GALLIÉNI.

ORDRE GÉNÉRAL N° 396

Le général Joffre, ayant entièrement accompli sa mission à Diégo-Suarez, rentrera en France par le paquebot du 5 avril et remettra, à cette date, le commandement de la place et du territoire à M. le colonel Ruault, commandant d'artillerie du corps d'occupation, qui exercera ces nouvelles fonctions par intérim.

Le Général commandant en chef et Gouverneur général tient à rappeler, par la voie de l'ordre, qu'au moment où le général Joffre va prendre en France l'important commandement qui lui a été réservé depuis un an, il laisse à Madagascar une œuvre d'une importance capitale au point de vue militaire et maritime, qu'il a organisée à ses débuts, dont il a assuré le développement dans tous ses détails avec une invariable méthode et une constante énergie, et qu'il vient de conduire enfin à son achèvement définitif.

Au mois de janvier 1900, lorsque le gouvernement de la République eut décidé l'exécution des grands travaux destinés à créer à Madagascar un point d'appui de la flotte, le général Joffre s'était trouvé tout désigné, tant par son passé colonial que par ses hautes capacités professionnelles, pour aller prendre la direction de l'organisation défensive projetée.

Dès son arrivée à Diégo, en février 1900, il montra ses qualités de chef militaire et d'organisateur dans les opérations difficiles de première installation, évitant la confusion et l'encombrement dans une ville où tout était à créer pour recevoir le matériel et les effectifs, donnant une énergique impulsion à tous les organes qu'il allait avoir à diriger, assurant enfin à toute troupe nouvellement débarquée la possession immédiate de casernements spacieux, sains et pourvus de tous les aménagements nécessaires.

Ces dispositions ont largement contribué, dès le début, à l'excellent état sanitaire qui s'est sans cesse maintenu à Diégo-Suarez et qui a exercé l'influence la plus heureuse sur la bonne marche des travaux de l'organisation défensive, sur l'instruction générale des troupes et leur préparation efficace au rôle qui leur incombe dans la défense du point d'appui.

Les résultats ainsi obtenus en trois ans par l'action intelligente et énergique du général Joffre sont à tous points de vue des plus remarquables. La place de Diégo-Suarez est puissamment organisée et, par la valeur de ses ouvrages et de son artillerie, mise en état de remplir le rôle qui lui est assigné dans l'ensemble de notre défense coloniale. Les troupes y sont confortablement installées, et, grâce à leur état sanitaire et moral excellent, à leur entraînement supérieurement conduit, à leur connaissance de la place et de ses postes de défense, elles sont préparées aujourd'hui à toutes les éventualités.

Enfin, l'activité et les qualités administratives du général Joffre se sont exercées de la façon la plus profitable pour les intérêts de la région placée sous son commandement. Les grands travaux de la ville et du port, la construction de la route et du Decauville conduisant au camp d'Ambre, enfin, le prolongement de cette voie par un excellent chemin muletier qui reliera bientôt Diégo à l'intérieur de Madagascar, ont donné un vif essor à toutes les affaires de la région et assuré l'avenir commercial et maritime de notre grand port du nord de l'île.

Le général commandant en chef est heureux d'exprimer au général Joffre ses remerciements pour le concours dévoué qu'il a prêté et de lui adresser ses félicitations pour les brillantes qualités qu'il a affirmées et qu'il aura à exercer, dans l'intérêt du pays, dans les hauts commandements qui lui sont réservés.

Tananarive, le 26 juin 1903.

Le général commandant en chef
du Corps d'occupation et Gouverneur général
de Madagascar et Dépendances,

Signé : GALLIÉNI.

(Extrait du « *Journal officiel* de Madagascar et Dépendances », 19ᵉ année, N. S., N° 790, du samedi 28 mars 1903.)

CHAPITRE PREMIER

Le 26 août 1914, je suis nommé gouverneur militaire de Paris (1). La veille, M. Messimy, ministre de la Guerre, m'avait convoqué dans son Cabinet et mis au courant de la situation militaire telle qu'elle résultait des télégrammes reçus du Grand Quartier Général. Les Anglais occupaient le front Cambrai-Cateau ; la 5ᵉ armée, général Lanrezac, tenait la Meuse vers Maubeuge et au delà ; la 4ᵉ armée, général de Langle de Cary, s'étendait le long de la Meuse, mais n'avait pu prendre l'offensive, pas plus que la 3ᵉ armée, général Ruffey, qui était également sur la Meuse, vers Montmédy ; le général Maunoury, avec son groupe de 3 divisions de réserve, avait essayé de déboucher sur le front Longuyon-Spincourt, mais sans résultat ; l'armée de Castelnau, 2ᵉ armée, fortifiait le Grand-Couronné et couvrait Nancy dans de bonnes conditions ; quant à l'armée Dubail, elle avait dû abandonner l'Alsace. Le trait essentiel de la situation était

(1) Voir Documents, page 202.

la menace d'enveloppement de notre aile gauche par
des forces considérables, dont le mouvement diver-
gent de grande envergure semblait avoir surpris
notre Grand État-Major. Celui-ci, un peu trop dominé
encore par les idées napoléoniennes, avait pensé pouvoir conjurer le danger et même profiter de ce qu'il
croyait être une faute de l'ennemi ; il avait ordonné
son offensive du 22 contre le centre de l'adversaire,
mais il avait négligé l'expérience des dernières guerres
de Mandchourie et des Balkans et lancé nos 5ᵉ et
4ᵉ armées contre les positions formidablement organisées avec tranchées, réseaux de fils de fer barbelés,
abris de mitrailleuses, artillerie lourde, préparées
par les Allemands entre la Sambre et la Moselle.
Il en était résulté des pertes énormes et le rejet de nos
forces sur la Meuse. Le général commandant en chef
était donc justement préoccupé pour son aile gauche.
Il marquait, dans ses télégrammes, son intention
d'amener des renforts vers l'Ouest, au moyen de pré-
lèvements faits sur nos troupes des Vosges et de
l'Alsace et d'ordonner un mouvement de recul vers
le Sud.

Les Anglais et la 5ᵉ armée s'établiraient sur le front
Péronne-Laon-Reims ; les 3ᵉ et 4ᵉ armées sur les
Hauts de Meuse ; on tiendrait solidement la trouée
de Charmes et le front défensif de la Moselle. (On
s'explique difficilement que nos 5ᵉ et 4ᵉ armées
n'aient pu s'établir solidement dans la région de la
Meuse et des Ardennes, en faisant appel aux ressources
de la fortification du champ de bataille.) D'autre

part, vers le Nord, les divisions territoriales du général d'Amade, sans cohésion, sans instruction, amenées en face de l'ennemi, à peine débarquées du chemin de fer, s'étaient débandées à l'apparition des premiers uhlans. « Un moment, télégraphiait le général d'Amade, je me suis trouvé seul avec les officiers de mon État-Major. »

Ce mouvement de retraite, qui nous faisait perdre la ligne de la Meuse et ouvrait à l'ennemi toute la région Nord de la France, était masqué par nos communiqués qui, depuis le commencement de la guerre, dissimulaient habilement nos insuccès et n'avaient nullement préparé le public à recevoir de fâcheuses nouvelles. Pour ne pas l'effrayer, on crut nécessaire de continuer dans la même voie, et les bulletins des derniers jours d'août ne pouvaient guère faire prévoir la retraite continue de nos armées et l'avance rapide des Allemands vers Paris.

Le Ministre me fit connaître en même temps la situation défavorable du Camp retranché de Paris; on avait perdu un temps précieux depuis le premier jour de la mobilisation ; les forts et ouvrages n'étaient pas armés, les batteries extérieures des intervalles étaient à peine commencées et dans aucune les pièces n'étaient en place ; les abris à munitions n'existaient pas et les munitions elles-mêmes étaient toujours dans les magasins de secteurs, ne pouvant être transportées par la voie étroite en construction, à peine ébauchée ; les ouvrages d'infanterie, destinés à garnir les intervalles entre les forts et à couvrir les batteries, venaient à peine d'être piquetés sur le terrain. De plus, les approvisionnements prévus par le journal de mobilisation de la place étaient insuffisants et il fallait encore plusieurs semaines pour les porter au complet ; enfin, et surtout, les 4 divisions et les 2 brigades territoriales, — une centaine de mille hommes — qui formaient la garnison du camp retranché, étaient des troupes sans cohésion, sans instruction militaire, insuffisamment encadrées et sur la valeur desquelles on ne pouvait guère compter si l'ennemi se présentait en force devant Paris.

Cette situation du Camp retranché de Paris semblait préoccuper vivement le Gouvernement qui se demandait avec anxiété comment il serait possible de remédier à ces graves lacunes, surtout avec la menace des Allemands qui, sous peu de jours, pouvaient être devant la capitale. Je me rappelle encore la scène qui eut lieu dans le cabinet du Ministre, quand je l'informai simplement que je me mettais à ses ordres. M. Messimy me remercia chaleureusement en son nom et au nom du Conseil des Ministres. Il me serra les mains à plusieurs reprises et m'embrassa même. Le moment n'était pas aux longues phrases, mais je pouvais constater, d'après la chaleur de ces démonstrations, que je ne prenais pas une succession enviable. Dans les circonstances critiques par lesquelles nous passions, chacun se devait à son pays, surtout quand il s'agissait d'occuper un poste aussi exposé au danger que le gouvernement militaire de Paris dans ces derniers jours d'août 1914. Toutefois, dès ce moment, mon premier soin fut de prévenir le Ministre, qu'étant donnée la situation du Camp retranché, incapable pour l'instant de résister à une offensive sérieuse des Allemands, je demandais, pour défendre Paris, l'envoi d'une armée mobile comprenant au moins 3 corps d'armée actifs. Séance tenante, M. Messimy, avec l'esprit de décision qui le caractérise, télégraphia au général Joffre, au nom du Conseil des Ministres, pour lui prescrire « de diriger sur Paris 3 corps d'armée actifs pour assurer la défense de la capitale menacée par l'ennemi ». C'était le 25 août, vers trois heures de l'après-midi.

Le Ministre m'avait prévenu que je prenais une tâche formidable. Je devais m'en apercevoir de suite. Le 26 août, à 3 heures de l'après-midi, le général Michel me remettait le service. Je réunissais à 5 heures les chefs de service : général Clergerie, chef d'État-Major ; général Hirschauer, chef d'État-Major adjoint ; général Désaleux, directeur de l'artillerie ; général Goëtschy, directeur du génie ; général Coupillaud, directeur du Service des transports ; intendant-général Ducuing, directeur du Service des ravitaillements du Camp retranché, y compris la ville de Paris ; intendant général Burget, directeur du ravitaillement et des services de l'intendance de l'armée de Paris ; inspecteur général Février, directeur du Service de santé du Camp retranché. Je ne dissimulai en rien la gravité de la situation et je prévins ces Messieurs que notre armée était forcée de battre en retraite et que nous devions nous préparer à voir les Allemands sous peu devant Paris. Je leur déclarai que, pour des raisons qu'il importait peu de connaître à ce moment, on a négligé la mise en état de défense du Camp retranché où tout est en retard : travaux de défense, approvisionnement des ouvrages en munitions, ravitaillement, etc. Chacun devra se mettre immédiatement au travail en prenant toutes les initiatives et les responsabilités nécessaires. Nous avons encore quelques jours devant nous ; nous devons les utiliser, en fournissant l'effort énorme indispensable, pour mettre Paris en état de résister aux entreprises de l'envahisseur. J'attends donc que chacun se mette au travail avec la dernière énergie et sache exiger de son personnel les efforts exceptionnels que demandent impérieusement les circonstances. Des sanctions seront prises immédiatement contre les défaillances individuelles qui ne peuvent plus désormais être admises. » Je dois dire d'ailleurs que ces chefs de service étaient tous des hommes de devoir et de haute intelligence, parfaitement compétents dans leurs services spéciaux et qui surent, dès qu'ils furent bien au courant de mes intentions, prendre toutes les initiatives et toutes les mesures que comportaient les circonstances graves que nous traversions. Tous agirent avec la décision, le calme et le sang-froid qui seuls pouvaient permettre de faire face aux difficultés issues de l'insuffisance de préparation du plan de défense du Camp retranché. D'autre part, ils avaient, comme moi, à lutter contre cette mentalité spéciale des officiers et fonctionnaires de nos différents services et bureaux, qui s'imaginaient qu'ils devaient, comme en temps de paix, passer par toutes les formalités de règlements compliqués et confus et ne rien faire sans ordres. Cette crainte des responsabilités n'était plus de mise.

Avant tout, j'essayai de me rendre compte des ressources de toute nature dont pouvait disposer le Camp retranché de Paris. Il n'était pas facile d'obtenir ces renseignements, en raison surtout des changements continuels qui avaient lieu tant dans le personnel dirigeant que parmi les troupes. Depuis le premier jour de la mobilisation, on peut dire qu'à Paris tous les services, tous les dépôts, avaient employé tout leur temps à incorporer, habiller et armer les hommes et détachements destinés à nos armées. Le 19° escadron du train, à lui seul, avait eu à faire ces opérations pour plus de 30.000 hommes. De même, nos magasins se remplissaient constamment pour se vider aussitôt afin de satisfaire aux demandes qui leur étaient adressées. Notre État-Major Général — et cela se comprend — songeait avant tout à ses armées et se préoccupait peu du Camp retranché, dont toutes les ressources, depuis le premier jour de la mobilisation, avaient été employées à satisfaire à ses innombrables besoins. Par là même, ceux du Camp retranché avaient été négligés, ce qui expliquait la situation défavorable dans laquelle il allait se trouver et qui n'aurait pas dû échapper au Haut Commandement, dont le devoir est toujours de prévoir les pires éventualités.

Quoi qu'il en soit, voici quel était le tableau approximatif de nos ressources à la date du 26 août, d'après la lettre inventaire que j'adressai au ministre de la Guerre le 30 août pour lui rendre compte des conditions exactes dans lesquelles le Camp retranché de Paris était confié à ma garde :

Paris, le 30 août 1914.

A Monsieur le Ministre de la Guerre,

« Monsieur le Ministre,

« Ayant été nommé, par décret de Monsieur le Président de la République du 26 août 1914, Gouverneur militaire de Paris et commandant des armées de Paris, j'ai pris mes fonctions le jour même.

« Vu que les événements paraissent vouloir se précipiter et que la situation pourrait devenir critique avant peu, je me dois à moi-même de vous faire connaître les conditions exactes du Camp retranché au moment de ma prise de pouvoir il y a 3 jours. J'ajoute immédiatement que, par là, je n'entends nullement me soustraire à ma responsabilité que je sais très lourde. Je ferai mon devoir, tout mon devoir, jusqu'au bout, mais il était nécessaire que cette situation fût précisée maintenant ; la voici :

« Garnison. — A ce moment-là, la garnison comportait :

« 1º Quatre divisions et une brigade territoriales ;

« La 83e occupe Paris intra-muros (enceinte des anciens forts) ;

« La 86e occupe la région Nord (Q. G. Pierrefitte);

« La 85e occupe la région Est (Q. G. Villiers-sur-Marne);

« La 89e occupe la région Sud (Q. G. Versailles);

« La 185e brigade occupe l'intervalle S. O. (Q. G. Choisy-le-Roi).

« Chaque division dispose de deux escadrons de cavalerie et d'un groupe de batteries.

« Toutes ces troupes, employées surtout jusqu'à ce jour comme travailleurs, sont à peu près sans instruction. La plupart des unités n'ont pas encore tiré à la cible.

«2° 10 escadrons de cavalerie en dehors des divisions.

«3° 6 groupes de batteries de sortie. Plusieurs batteries manquent encore des harnachements nécessaires pour les attelages. Ces troupes occupent des cantonnements relativement étendus, choisis surtout en vue des conditions hygiéniques et de manière à faciliter l'instruction des unités. Le service de garde y est réduit au cerclage des cantonnements.

« Il y a en outre, à Paris, les dépôts des régiments de cavalerie et d'artillerie qui se mobilisent dans le gouvernement militaire de Paris, et les dépôts du train des zouaves.

« Enfin 5.000 fusiliers marins ont été amenés pour renforcer les forces de police. Ils ne comptent pas jusqu'à présent pour la défense de Paris.

« ARMEMENT. — Le nombre de pièces est de 2.924 dont :

« 148 affectées aux équipages de siège ;

« 72 aux batteries de sortie ;

« 908 à l'armement disponible.

« Les mitrailleuses sont au nombre de 276, dont 240 dans les corps et 36 en réserve d'armement. 144 sont en outre affectées à la défense fixe.

« Il existe un déficit de 77 mitrailleuses.

« Les armes portatives comportent :

« 50.553 fusils mod. 1886 ;

« 36.059 fusils mod. 1874 ;

« 6.582 carabines ou mousquetons ;

« 1.456 revolvers.

« Les munitions sont à peu près au complet comme nombre. Une dotation au titre des équipages de siège pourra venir en renforcement.

« Il y a quelques déficits sur les poudres et sur les fusées de diverses espèces. Les batteries, magasins à projectiles, etc. sont en construction. Mais leur état d'avancement est en retard sur les prévisions du journal de mobilisation.

« L'armement des batteries est rendu très difficile en raison de la pénurie presque complète des voies de 0,60. On s'occupe d'en réquisitionner les éléments disponibles dans divers endroits et d'en faire fabriquer de neufs ; mais il existe un gros déficit de ce côté. Beaucoup de batteries sont mal placées et insuffisamment protégées. Les communications téléphoniques n'existent pas.

« TRAVAUX DU GÉNIE. — Les travaux du génie sont en retard sur les prévisions du journal de mobilisation. On a opéré par marchés conclus selon les formes du temps de paix ; les ouvriers manquent, quittent les chantiers pour aller ailleurs, etc., le travail n'avance pas. Le retard est surtout marqué dans le secteur Est.

« APPROVISIONNEMENT. — Les approvisionnements de siège se rassemblent à peu près suivant les prévisions du journal de mobilisation. Mais les transports de ces approvisionnements sont assez difficiles par suite des difficultés de se procurer du matériel roulant par les moyens ordinaires ou la réquisition. Il serait nécessaire de constituer des équipages de transport. De ce chef, certaines gares sont encombrées.

« L'approvisionnement des troupes en vivres est satisfaisant. Mais les ressources en habillement manquent. Des commandes importantes ont été faites. Les livraisons ont commencé. Elles deviendront abondantes vers le 31 août, où 30.000 collections environ seront disponibles.

« En résumé, les seules troupes dont nous disposons sont des troupes territoriales, elles n'ont encore ni instruction, ni cohésion. De plus, elles sont insuffisantes. On peut donc dire qu'à l'heure qu'il est les secteurs ne sont pas défendus et ne peuvent pas l'être.

« Les ouvrages de fortification sont loin d'être achevés. De plus, un bon nombre sont mal placés et en avant des centres de résistance. Il est trop tard

pour remédier à cette situation. Les pièces ne seront
prêtes à tirer que dans 5 ou 6 jours, et encore dans de
très mauvaises conditions, puisqu'il n'existe ni plan-
chettes de tir, ni les communications téléphoniques
nécessaires. Enfin le matériel est ancien, démodé et
les projectiles, pour la très grande majorité, en poudre
noire. Les canonniers territoriaux sont sans instruction et peu préparés à leur rôle.

« J'ajouterai que toutes les mesures ont été prises
pour remédier dans la mesure du possible à cette
situation précaire qui ne pourra que s'améliorer
si nous avons du temps devant nous, temps que
j'évalue, pour les ouvrages et les batteries, à une
quinzaine de jours au moins.

« En résumé, ce serait s'illusionner gravement que
de croire que le Camp retranché de Paris serait
capable actuellement de présenter une résistance
sérieuse si l'ennemi se présentait d'ici peu de jours
devant la ligne de nos forts extérieurs. J'ajoute
d'ailleurs qu'il faudrait au moins 3 ou 4 corps d'armée
de l'active pour faire une défense efficace qui pourrait
être de grand secours pour le gros de notre armée.

« *Signé* : GALLIÉNI. »

Le 27, je suis au travail dès 5 heures du matin et,
à 8 heures, chez le Ministre. Un nouveau ministère
avait été constitué dans la nuit. M. Messimy était
remplacé par M. Millerand. Je n'ai pas à apprécier ici
M. Messimy ; je me contenterai de dire que, pendant

les quelques jours où je l'ai approché durant cette
période, je l'ai toujours trouvé homme de décision et
prompt à prendre toutes les responsabilités nécessaires. Mais il ne pouvait réussir, et son successeur
ne pouvait réussir mieux que lui, parce qu'il était
insuffisamment secondé par son Ministère. Dans ce
dernier, une centralisation à outrance, l'existence
de nombreux rouages qui déplaçaient les responsabilités et entravaient le rapide fonctionnement des
services, une absence complète de prévoyance et
d'initiative, une tendance irrémédiable à annihiler
les représentants et organes du commandement et de
l'administration, commandants de région, gouver-
neurs de places fortes, intendants et directeurs des
services de santé, la multiplication des organes
d'inspection et de contrôle prenant peu à peu la place
des chefs de services, sans leurs responsabilités, l'igno-
rance des Directeurs du Ministère, voulant tout régler
par eux-mêmes et se refusant à consulter les gens
compétents, l'insécurité et le manque de confiance de
tous, tout cela créait autour du chef du département
une machine lourde à mouvoir et de laquelle il ne
pouvait tirer le rendement qu'exigeaient les circonstances. Déjà mauvaise en temps de paix, cette machine
devenait en temps de guerre un obstacle à la prompte
solution des affaires et n'apportait pas au Ministre le
concours prévoyant et diligent sur lequel il était en
droit de compter. C'était toujours par à-coups et par
surprises que l'on était au courant des besoins intéressant la défense nationale. C'est seulement après

les combats de la bataille de la Marne que l'on apprit
tout d'un coup que notre artillerie de 75 allait man-
quer de munitions et qu'il fallut se mettre, fébrile-
ment et dans les plus mauvaises conditions possibles,
à fabriquer nos obus. Plusieurs mois après, on en était
encore à peine à 30.000 obus chargés par jour. Le
même fait se reproduisit pour les fusils, les mitrailleuses, le blé nécessaire au ravitaillement de Paris, etc.

M. Millerand, le nouveau Ministre, me posa un certain nombre de questions sur la situation du Camp
retranché et il me convoqua à nouveau à 2 heures
à son Cabinet.

Aux Invalides, je reçus individuellement chacun
des chefs de service qui me mit au courant de la
situation exacte de son département, des moyens
pris pour remédier aux lacunes constatées. Je donnai
à tous les instructions nécessaires pour agir vite et
profiter des quelques jours qui nous restaient encore
avant l'arrivée de l'ennemi. Je supprimai, à compter
de ce jour, le rapport d'ensemble qui avait lieu chaque
jour et qui réunissait autour de mon prédécesseur
tous les chefs de corps et de service de la place de
Paris et du Camp retranché. Je n'ai jamais été partisan de ces longues palabres, où l'on se perd en vaines
discussions. Actuellement, mes chefs de service avaient
à agir et non à parler. Je pus constater, au surplus,
que, depuis deux jours, chacun s'était mis énergiquement au travail, bien dans son rôle, et pénétré des
nouvelles méthodes de travail que j'avais essayé
d'inculquer à tous.

Pour amener la plus grande unité de direction partout, je fis disparaître le rouage, à mon avis inutile, d'adjoint au chef d'État-Major et je nommai le général Hirschauer, officier jeune et vigoureux, directeur du génie en remplacement du général Goëtschy, que son âge et ses aptitudes ne rendaient pas propre au rôle très chargé qui lui incombait.

A 10 heures, accompagné du commandant Klotz, ancien ministre de l'Intérieur et des Finances, qui était attaché à l'État-Major du góuvernement militaire, je me rendais à la Préfecture de la Seine pour avoir une première entrevue avec M. Delanney, préfet de la Seine, et avec M. Hennion, préfet de police. Nous devions collaborer très étroitement tous les trois et, de fait, il exista toujours entre M. Delanney, M. Laurent qui, deux jours après, remplaça M. Hennion, et moi, l'entente la plus absolue sur les différentes questions que nous avions à traiter ensemble. Je profitai de cette première réunion pour demander à ces Messieurs de m'exempter, vu les circonstances actuelles, d'assister à ces réunions de chaque jour, auxquelles je déléguerais M. Klotz, en mon lieu et place.

Dans cette première conférence, j'informai ces Messieurs que je demandais au ministre de la Guerre l'autorisation de commencer la destruction des maisons et obstacles divers qui se trouvaient dans les zones réservées de nos fortifications. Jusqu'à ce jour, on avait hésité à prendre cette mesure, pour ne pas effrayer et émouvoir la population. Mais, nous n'en

étions plus à prendre de telles précautions ; il fallait
agir et, en général, il fallait préparer la population
à toutes les mesures ayant pour objet d'organiser la
défense du Camp retranché contre l'investissement
dont nous étions menacés. Je demandai aussi que
toutes les dispositions relatives au ravitaillement de la
population civile de Paris et de sa banlieue fussent
prises par la préfecture de la Seine, de concert avec
le directeur du ravitaillement. En somme, nous nous
tenions tous prêts aux graves événements qui se
préparaient.

Je me rends de nouveau, à 2 heures, chez le ministre
de la Guerre. J'insiste auprès de lui pour obtenir
d'urgence l'autorisation de commencer la destruction
des maisons, baraques, obstacles divers qui cou-
vraient les zones des fortifications et nuisaient à la
défense, et aussi d'employer dans le Camp retranché
la brigade de marins qui, formée dans les ports, avait
été acheminée sur Paris pour assurer la police de la
capitale. M. Hennion semblait avoir des craintes
exagérées sur l'attitude de la population parisienne.
Tel n'était pas mon avis et l'avenir m'a donné raison.
M. Millerand hésite à prendre de suite des décisions
sur ces deux points et me demande des notes à ce
sujet.

Tout l'après-midi, je suis absorbé aux Invalides
par les réceptions, demandes de renseignements, etc.
Dès ce moment, je prends la détermination d'abandonner l'Hôtel, dont les issues ne peuvent être suffisamment gardées et surveillées et de m'installer

dans un local plus approprié à mon service et à celui de mes bureaux. Beaucoup de gens ne pouvaient encore s'imaginer que nous étions en état de guerre et, suivant les errements antérieurs, venaient assiéger le Cabinet du gouverneur et lui faire perdre un temps précieux.

Le 28 août, le Ministre me reçoit à 8 h. 1/2. Il me dit tout de suite que, dans les circonstances actuelles, je ne dois pas hésiter à prendre toutes les mesures que je croirai utiles pour remplir ma mission, sans me préoccuper des influences extérieures : presse, sénateurs, députés, etc. Il rentrait du Grand Quartier Général où l'on semblait optimiste, mais il ajouta : « Vous n'échapperez pas à l'investissement. » J'en profitai pour insister encore sur ce point : que le Camp retranché n'était nullement préparé et que je ne pouvais défendre Paris qu'avec une armée active de campagne. Je lui demandai donc, comme à son prédécesseur, l'envoi d'urgence et la mise à ma disposition d'une armée de 3 corps actifs au moins.

De retour à mon bureau, je donne mes instructions au général Hirschauer pour pousser avec la dernière énergie les travaux du Camp retranché et je prends les dispositions nécessaires pour faire prendre à nos troupes territoriales les emplacements définitifs dans les différentes zones du Camp retranché.

Je me présente à 4 heures chez le Président de la République que je trouve très pessimiste. D'après les renseignements qui lui ont été fournis, il s'attend à une bataille générale pour le 2 septembre, anniversaire de la bataille de Sedan, et il sait que le Camp retranché n'est pas prêt. Il regrette que je n'aie pas été nommé Gouverneur militaire de Paris plus tôt.

Il est certain que, malgré le ton optimiste des communiqués officiels, l'inquiétude commence à se montrer dans la population parisienne. Malgré l'urgence des circonstances, et pour ne pas augmenter cette inquiétude, le gouvernement se refuse encore à prendre les mesures nécessaires pour préparer la défense de Paris.

Le 29 août, je suis chez le Ministre à 8 h. 1/2. Il m'informe que la brigade de marins, malgré l'opposition de M. Hennion, est mise à ma disposition.

J'écris au général Joffre pour lui exposer la situation du Camp retranché de Paris et ma manière de voir sur le rôle et sur la défense de la Place. J'insiste sur ce fait que, Paris n'étant nullement organisé au point de vue de sa défense, je ne puis espérer résister aux entreprises de l'ennemi qu'au moyen d'une armée active d'opération, dont je demande l'envoi d'urgence.

J'avais convoqué pour 10 heures à mon Cabinet le général Désaleux, commandant l'artillerie du Camp retranché et l'intendant général Ducuing, directeur des ravitaillements. Le premier ne me cache pas que la situation de son service est des plus précaires : les batteries ne sont point terminées, les pièces sont

encore dans les forts, les munitions également, les
moyens de transport manquent pour les amener dans
les batteries, celles-ci sont généralement construites
sur des emplacements mal défendus par les ouvrages
d'infanterie, et, par suite, très exposées. Enfin, notre
matériel d'artillerie de place, composé de pièces de
155, 120, 95 et 90, est suranné et porte à des distances
bien inférieures à celles des pièces allemandes des
parcs de corps d'armée. Si nous ne pouvons remédier
à ce dernier et grave inconvénient, il est possible,
au moins, de hâter la construction des ouvrages, la
mise en place des pièces et le transport des munitions. Je donne des ordres précis à ce sujet au général Désaleux et je prescris d'utiliser tous les moyens
de transport disponibles, en réquisitionnant les autos
et taxi-autos de la capitale.

Mêmes instructions à l'intendant général Ducuing
au sujet du ravitaillement de Paris ; les lignes de
communication étant encore libres, il faut en profiter pour faire diriger sur la capitale le plus d'approvisionnements possible en vivres, charbon, etc. ;
et à l'intendant général Burguet pour l'habillement,
l'équipement, etc. En somme, au point de vue des
vivres, avec la situation actuelle, Paris, s'il était
investi, pourrait tenir trois mois.

Je réunis ensuite le Conseil de défense pour régler
la question des zones et pouvoir commencer de suite
les travaux de destruction.

Je remplace le général Bolgert, commandant la
place de Paris, par le général Groth. Plus tard, celui-ci,

en raison des travaux de fortification à exécuter dans le noyau central, devait être remplacé, à son tour, par le général Galopin, du génie, que j'avais eu sous mes ordres au 14e corps.

| Dans l'après-midi, je commence mes inspections dans le Camp retranché, accompagné du général Mercier-Milon, commandant la région Nord, aujourd'hui la plus menacée par l'ennemi ; je m'arrête d'abord à Pierrefitte, quartier général du général Meynial, commandant la division territoriale, auquel je donne mes instructions au sujet des travaux, de l'instruction intensive de tous et des mesures de surveillance à prendre contre l'ennemi. Je visite ensuite les forts de Saint-Denis et d'Ecouen. Partout, on travaille activement : on retire les pièces des casemates pour les diriger vers les batteries extérieures, on dégage les abords des ouvrages, on transporte les munitions. Tous les habitants des localités voisines, même les plus âgés et les moins aptes à ces travaux, sont réquisitionnés et manient la pioche et la hache. Mais nous sommes bien en retard.

Dès mon retour aux Invalides, je prends toutes mesures pour assurer l'emploi des troupes signalées comme devant former la garnison de Paris et amenées, les unes du Nord, les autres du Sud ou de l'Est.

La journée du 30 août fut une journée grave. Le matin, je suis convoqué de bonne heure par M. Millerand qui m'annonce que la situation devient mauvaise et que les Allemands s'approchent rapidement de Paris. Il me demande mon avis sur le moment auquel le gouvernement devra quitter Paris. Je lui demande à téléphoner avant tout au général Joffre. Celui-ci me dit que la situation, en effet, n'est pas bonne, que la 5e armée a progressé hier, après avoir attaqué vigoureusement l'ennemi, mais que les Anglais n'ont pas bougé. Aujourd'hui, au contraire, ils attaquent à leur tour, mais ces actions décousues ne peuvent ralentir la poursuite de l'aile droite allemande. Je lui rends compte de la situation du Camp retranché qui n'est pas préparé à recevoir une attaque d'une certaine importance et de la nécessité de constituer une armée suffisamment forte pour pouvoir livrer bataille en avant de Paris, en même temps qu'on poussera avec la dernière urgence les travaux de défense sur tous les fronts. Il me répond qu'il ne peut me donner que 3 corps d'armée, et encore pas complets, et composés en grande partie de divisions de réserve. J'ai l'impression qu'il considère Paris comme sacrifié et qu'il ne veut pas se démunir des forces composant ses armées, poursuivies depuis la Belgique et la Meuse.

Je fais le même compte rendu au Ministre, en insistant encore sur l'insuffisance de la garnison de Paris. Je demande que la 45e division algérienne, en ce moment aux Aubrais, soit mise à ma disposition et dirigée sur Paris.

Je réunis à nouveau les chefs de services du Camp retranché pour les mettre au courant de la situation de plus en plus grave, et leur demander de hâter encore, en prenant les mesures les plus énergiques, les travaux dont ils sont chargés.

Je suis convoqué à 3 heures à l'Élysée. Je suis reçu de suite par le Président. Il est toujours aussi froid et aussi réservé, mais il semble très préoccupé, inquiet même. Il me demande combien de temps Paris peut tenir et, à mon avis, à quel moment le gouvernement doit quitter la capitale. Je réponds, comme au ministre de la Guerre, que le Camp retranché, ayant été complètement négligé depuis le premier jour de la mobilisation, n'est nullement préparé à recevoir le choc d'un ennemi entreprenant, que les batteries ne sont pas armées, que les munitions ne sont pas en place, que les ouvrages d'infanterie sont à peine commencés, que le ravitaillement et les approvisionnements ne sont pas au taux fixé par le journal de mobilisation, que les troupes territoriales composant la garnison sont en nombre insuffisant et sans instruction militaire sérieuse; bref, que Paris n'est nullement préparé à soutenir un siège et qu'il est indispensable, ainsi que je l'ai déjà demandé plusieurs fois, de mettre à ma disposition une armée composée de troupes actives, pour livrer bataille en dehors des limites du camp retranché. De toute manière, le Gouvernement devait se tenir prêt à quitter Paris le plus tôt possible.

Dans la salle des officiers d'ordonnance, je rencontre M. Deschanel, Président de la Chambre et M. Antonin Dubost, Président du Sénat. Tous deux me serrent la main et me demandent si le Camp

retranché est prêt et si les vivres sont au complet.
Tous deux paraissent sombres et inquiets. Ils se rendaient au Conseil des Ministres pour examiner la
question de la convocation des Chambres.

Il était 3 heures et demie. Je suis introduit dans
la salle du Conseil, où le Président me pose les mêmes
questions. J'allais répondre lorsque M. Viviani,
Président du Conseil, arrive à son tour, venant de
conférer avec les deux Présidents de la Chambre et
du Sénat. Il me prie de sortir et d'attendre quelques
moments dans le salon des officiers d'ordonnance.
Le Conseil traitait encore la question de la convocation des Chambres et la discussion fut longue, car
j'attendis près d'une heure avant d'être introduit
à nouveau. Je ne pouvais m'empêcher de déplorer
cette perte de temps, alors que mes occupations étaient
si pressantes et réclamaient ma présence à mon
bureau des Invalides et dans l'intérieur de notre
Camp retranché. Cette longue discussion sur cette
convocation des Chambres me paraissait de bien peu
d'importance à côté des graves intérêts dont j'avais
la charge. Le Président et les Ministres semblaient
tous très préoccupés. Je répondis à M. Poincaré
dans le même sens que quelques moments auparavant : Paris ne peut tenir, car les mesures de défense
n'ont pu être prises ; une armée active de 3 corps
au moins est indispensable pour cette raison et le
Gouvernement ne me paraît plus en sûreté dans la
capitale. J'avais d'ailleurs l'impression que l'indécision et le désarroi régnaient parmi nos Ministres,

que je sentais incapables de prendre des résolutions fermes.

Lorsque je quittai le Conseil, MM. Augagneur, Delcassé et Doumergue me serrèrent la main. C'était eux, d'ailleurs, qui étaient le plus près de moi.

Dans Paris, malgré le ton des communiqués toujours si optimistes, l'émotion commençait à se répandre. Les Invalides étaient assiégés par une foule de personnes demandant des laissez-passer pour partir. De longues queues de voyageurs se pressaient aux guichets des gares pour retenir leurs places. Les Compagnies, afin de pouvoir satisfaire aux demandes des voyageurs, se contentaient de faire des trains militaires avec une seule classe. C'est ainsi qu'il partit près de cinq cent mille personnes en moins d'une semaine. Ce qui contribua encore à augmenter le malaise dans la capitale, ce fut la venue des avions allemands. Le Grand Quartier Général avait jugé à propos d'enlever au Camp retranché les 2 escadrilles d'avions militaires qui y avaient été constituées, de sorte que les « tauben » avaient le champ libre pour leurs entreprises. Plusieurs bombes furent lancées, tuant deux personnes.

Ce même jour, je remis au ministre de la Guerre un rapport succinct dans lequel je lui indiquais la situation du Camp retranché à la date du 26 août, jour où j'avais pris mes fonctions de Gouverneur militaire de Paris. On travaillait énergiquement partout ; mais partout on était en retard : tel était le résumé de ce rapport.

En somme, mes conclusions étaient toujours les mêmes : le Camp retranché n'est pas prêt et il faut une armée active pour défendre Paris. Or, le commandant en chef est préoccupé avant tout du sort de ses armées et, se trouvant pressé par l'ennemi, marque de la répugnance à se priver de ses corps d'armée en faveur de places qu'il considère, peut-être, comme sacrifiées. Il appartient donc au Gouvernement d'intervenir pour demander d'autorité l'envoi des troupes nécessaires pour notre défense.

La nuit, Paris a déjà pris l'aspect d'une ville en état de guerre. L'éclairage est réduit partout et, seuls, les projecteurs de la Tour Eiffel et des postes de l'enceinte percent l'obscurité au-dessus de la ville.

Le 31 août, à 7 heures du matin, je vais prendre le ministre de la Guerre et, accompagnés par les commandants du génie et de l'artillerie du Camp retranché et par les commandants des régions et de divisions territoriales qui les occupent, nous allons visiter la région nord, la plus menacée, les forts de Vaujours et d'Ecouen ainsi que les nombreux ouvrages, batteries, tranchées d'infanterie, qui garnissent les intervalles. On travaille partout avec la plus grande activité, mais ce n'est pas suffisant. Il faut se hâter encore, et c'est ce que tout le monde comprend, officiers, soldats et même les travailleurs civils réquisitionnés qui creusent la terre, abattent les arbres qui gênent la vue, posent les fils de fer, etc. Je donne sur place toutes les instructions pour augmenter encore le nombre des tra-

vailleurs et utiliser toutes les ressources comme
moyens de transport, y compris les taxi-autos réquisitionnés. Il faut que nos batteries soient prêtes à
tirer dans deux jours et qu'elles possèdent déjà un
approvisionnement de munitions suffisant pour faire
face à un tir d'une centaine de coups par pièce. On ne
se doutera jamais de l'énorme effort qui aura été
donné pendant ces quelques jours par tous sous la
menace de l'approche des Allemands.

Déjà, du reste, je commence à être en contact
avec les troupes du général Joffre qui occupaient,
à cette date, le front Amiens-Compiègne-Vouziers-
Stenay-Commercy, jusqu'à la crête des Vosges, Verdun et Nancy étant toujours couverts par nos armées.
Les convois de l'armée anglaise commençaient à se
montrer sur la Basse Seine et le général Maunoury,
avec la 6ᵉ armée, tenait le front Chaumont-en-
Vexin-Compiègne. Et déjà, on commence à voir
refluer vers Paris de nombreux convois de réfugiés !

Le ministre de la Guerre me félicite verbalement
et par écrit (1) des résultats déjà obtenus au point de
vue de la mise en état de défense du Camp retranché,
Il me dit que les Allemands marchent rapidement et
seront sous Paris dans quatre ou cinq jours. C'est une
raison de plus pour continuer à bousculer tout mon
monde, de manière à faire au moins tout ce qui est
en notre pouvoir pour sauver Paris. Déjà, en ces
quelques jours, on sent qu'il a été fait beaucoup,

(1) Voir lettre du ministre de la Guerre, page 203.

mais on était tellement en retard ! Cependant, tout
en étant résolu à faire mon devoir jusqu'au bout,
l'indécision du Gouvernement, l'absence d'idées nettes
dans le haut commandement de nos armées, les
lacunes dans l'organisation défensive du Camp retranché et le retard à m'envoyer les troupes actives que
j'ai demandées, me laissent préoccupé et conscient
des lourdes responsabilités qui m'incombent.

CHAPITRE II

Le 1er septembre, je prends contact avec les troupes
qui se rabattent sur Paris et qui, placées sous mes
ordres directs, sont destinées à en former la garnison.
Avant tout, il fallait étudier le terrain qui, au nord
de Paris, pouvait servir de champ de bataille éventuel contre l'armée du général von Kluck, la 1re armée,
qui s'avançait, à marches forcées, vers la capitale.
Accompagné du général Clergerie, mon chef d'État-
Major, du commandant Moreigne, chef de mon
3e bureau, je me rends sur le massif de l'Hautie,
longue croupe qui s'étend entre l'Oise et la Seine et
constitue le réduit de la défense dans cette région.
Après avoir exploré tout le massif, je me rends à
Pontoise, déjà encombré par des détachements de
toutes armes, circulant en désordre sur les routes,
souvent sans chefs et sans liens tactiques. J'arrête
ainsi un groupe d'hommes et je les interroge. Ils
étaient dans les environs d'Arras, d'où, pour échapper
à la poursuite de l'ennemi, ils s'étaient dirigés vers
Paris, sans savoir où étaient leurs régiments et la

division de réserve à laquelle ils appartenaient. Ce n'est qu'en approchant de Beauvais qu'ils avaient appris qu'il fallait se diriger sur Pontoise. Du reste, pour être mieux informé, je me rends à la mairie, où je trouve le général Ebener, commandant le groupe des 61° et 62° divisions de réserve. Le désordre le plus complet règne partout : les escaliers sont encombrés, non seulement par les soldats de toutes armes, venus aux renseignements, mais encore par un nombreux public, que l'affolement a saisi et qui se prépare déjà à fuir Pontoise et l'ennemi qui approche. C'est moi qui dois donner l'ordre aux gendarmes de faire évacuer les escaliers et les locaux où se sont installés les bureaux de l'État-Major. Le général Ebener vient au-devant de moi. Il semble très ému de la situation. Je m'enferme seul avec lui dans la pièce qui lui sert de bureau et je me fais mettre au courant de la situation : les 61° et 62° divisions de réserve, constituées hâtivement, ont été très éprouvées vers Saint-Pol et Arras. « A un moment donné, me dit le général Ebener, mes deux divisions étaient séparées l'une de l'autre par les Allemands. » Elles avaient perdu plusieurs de leurs batteries ; la plupart des colonels et officiers supérieurs étaient ou tués ou disparus. Des pertes importantes avaient considérablement réduit les effectifs des unités. Il n'a pas d'ordres du Général commandant l'armée, qui, cependant, venait de lui faire dire d'exécuter une contre-attaque contre un ennemi dont il ne connaissait pas la position. Ses troupes, comme j'avais pu m'en rendre

compte moi-même, étaient dans un tel désarroi qu'il
leur était impossible, pour le moment, de faire un
effort quelconque. Le général Ebener me demandait
au contraire à se replier sur le massif de l'Hautie
pour tenir cette position, véritable bastion de la
défense de Paris de ce côté, et pouvoir reprendre son
monde en mains. Après examen de la situation, je lui
prescrivis de conserver son quartier général à Pontoise, de renoncer à la contre-attaque ordonnée et qui
ne pouvait s'exécuter dans de bonnes conditions, de
se relier, d'une part avec le corps de cavalerie du
général Sordet, qui le couvrait, au Nord-Ouest,
depuis la ligne ferrée de Pontoise-Gisors jusque vers
Clermont-sur-Oise, d'autre part avec la 86ᵉ division
territoriale, qui tenait le front Pontoise-Ecouen.
Il aurait comme mission de couvrir le nœud important de chemin de fer de Pontoise et de tenir les deux
rives de l'Oise. En même temps, je faisais prendre
note, séance tenante, de ses besoins en cadres et
hommes, pour pouvoir, dans la limite du possible,
compléter ses effectifs et remettre son groupe de
divisions de réserve en état d'accomplir sa mission.
L'artillerie du groupe avait été particulièrement
éprouvée : le lieutenant-colonel Potal, commandant
l'artillerie, avait été tué avec plusieurs de ses officiers
et un certain nombre de pièces avaient été prises par
l'ennemi.

Le général Ebener aurait désiré qu'on fît sauter les
ponts de l'Oise et notamment le pont d'Epluches,
d'une importance capitale pour nos communications

avec le Nord et l'Ouest. Je prescrivis de n'en rien
faire au commandant du génie qui avait été envoyé
à Pontoise pour assurer la destruction des ouvrages
d'art, au fur et à mesure de la retraite de nos troupes.
On se borna à miner le pont d'Epluches et les ponts
de l'Oise aux abords de Pontoise et les troupes du
général Ebener devaient, tout au contraire, passer
sur la rive droite de l'Oise et défendre efficacement
ce cours d'eau contre les forces allemandes signalées
sur ses deux rives. J'ajouterai que le Commandant
du génie, envoyé par le Grand Quartier Général
pour la destruction des ponts, ne semblait pas très
fixé sur le rôle qu'il avait à remplir. Je dus moi-
même lui donner les indications nécessaires à ce sujet·
Il semblait, en un mot, que le Haut Commandement
ne faisait nullement sentir son action sur cette partie
de l'immense front occupé par nos armées. C'était là
le résultat d'une mauvaise organisation du commandement. On aurait dû, dès l'origine, grouper les armées
en deux groupes, de manière à éviter le trop grand
nombre d'unités à diriger.

Le flanc gauche du Camp retranché de Paris étant
ainsi assuré, je quittai Pontoise pour me rendre à
Creil, où m'était signalé le quartier général Maunoury, dont l'armée, conformément aux indications
verbales du ministre de la Guerre et téléphoniques
du Général commandant en chef, était placée sous
mes ordres à compter de ce jour, pour faire partie de
la garnison du Camp retranché et coopérer à la défense
de la Capitale. J'ajouterai encore que, sur ma demande,

la 45e division algérienne, qui attendait des instructions à la gare des Aubrais, avait été également mise à ma disposition et avait commencé à débarquer la veille à la gare de Choisy-le-Roi.

Notre automobile s'engage d'abord sur la rive droite de l'Oise, mais, les uhlans étant signalés de ce côté, nous repassons sur la rive gauche. La plus grande émotion règne dans le pays. Nous rencontrons de nombreuses voitures portant des hommes, surtout des enfants et des femmes, avec des objets mobiliers, matelas, berceaux; des groupes de paysans poussent devant eux quelques bestiaux, tous portent sur le visage les signes de la terreur et du désespoir. On fuit devant l'invasion, devant les colonnes allemandes qui ont donné à la guerre ce caractère d'horreur et de cruauté que la postérité reprochera toujours à nos ennemis.

Je trouve le général Maunoury à son quartier général, à la mairie de Creil. La ville est encombrée et tous les locaux de la mairie sont, comme à Pontoise, envahis par une foule de militaires et d'habitants qui gênent la circulation et nuisent au bon fonctionnement du service d'État-Major.

L'armée du général Maunoury comprenait une division du 7e corps, venue des Vosges, les 55e et 56e divisions de réserve, formant un groupe, sous les ordres du général de Lamaze, ayant opéré précédemment dans la Woevre, plus une brigade marocaine. Tous ces éléments, formant un effectif de 60.000 hommes environ, venaient d'être transportés

à la hâte pour se concentrer dans la région de Montdidier et de Saint-Just-en-Chaussée. Leurs débarquements étaient à peine commencés que l'arrivée
de la cavalerie allemande était venue les troubler.
Leur cohésion s'en était ressentie et l'armée ainsi
constituée, composée en majeure partie de troupes
de réserve insuffisamment encadrées et ayant déjà
subi un échec sérieux, était loin de former cette armé..
de 3 corps actifs que j'avais si énergiquement demandée au Général en chef et au ministre de la Guerre.
D'ailleurs, mon intention était déjà de la renforcer
par les troupes que je pourrais prélever sur le Camp
retranché de Paris.

Quoi qu'il en soit, cette armée, ainsi qu'il résultait
des déclarations verbales du Ministre et du Général
en chef, confirmées par la lettre officielle du Ministre
du 2 septembre (1) et celle du général. Joffre du 3
septembre (2), était placée dès le 31 août sous mes
ordres directs, pour être employée par moi au mieux
des intérêts de la défense de la Capitale, dont la
garde m'était confiée.

Je me fais mettre au courant de la situation par
le général Maunoury ; l'armée tient le front Clermont-
Verberie ; elle est engagée sur ce dernier point avec
des forces de cavalerie qui cherchent à couper la
route de Paris ; elle se relie à gauche avec le corps
de cavalerie Sordet. Je sais, d'autre part, que l'armée

(1) Voir la lettre du Ministre, page 204.
(2) Voir les lettres du général Joffre et du général Galliéni,
pages 206 et 208.

anglaise s'est repliée ce même jour sur la ligne Dammartin-Betz avec son quartier général à Lagny et que la 5e armée s'est arrêtée en avant de Laon, sur le front Chauny-Machicourt, séparée de la 6e armée par un intervalle de 40 kilomètres environ.

Enfin, notre service de renseignements, qui avait commencé à fonctionner très activement (cavalerie, avions et agents), nous apprenait qu'à cette date du 31 août la première armée allemande, commandée par le général von Kluck, avait dépassé Péronne précédée par sa cavalerie, en avant de Roye.

Je prescris (1) au général Maunoury de se mettre en retraite sur Paris en essayant de ralentir la marche de l'ennemi, mais en évitant de se laisser couper de la capitale, à la garnison de laquelle son armée appartient désormais.

Je rentre rapidement à Paris, et me rends de suite chez le ministre de la Guerre. Celui-ci m'informe que le Gouvernement a décidé de quitter Paris le 2 septembre, me laissant tous les pouvoirs civils et militaires. Je lui demande s'il ne reste pas au moins un membre du Gouvernement. Je resterai seul, ayant pour collaborateurs le préfet de la Seine et le préfet de police, M. Laurent, qui venait de remplacer M. Hennion, démissionnaire pour raisons de santé. M. Millerand, faisant allusion à M. Clemenceau, dont on craignait l'action contre le Gouvernement et que l'on présumait devoir rester à Paris, me met en garde

(1) Voir Documents, page 269.

contre l'influence que cet homme politique pourrait exercer dans Paris investi. Je n'eus pas de peine à rassurer le Ministre sur ce point. Dans tout le cours de ma carrière, je m'étais soigneusement tenu en dehors de la politique. J'étais libre de toute attache, n'ayant jamais eu en vue, dans mes importants commandements coloniaux, que l'intérêt de mon pays et l'accomplissement de la mission dont j'étais chargé. M. Millerand me demandait, en même temps, si je pouvais assurer la sécurité du Gouvernement, lors de son départ, pour le cas où la cavalerie allemande, progressant vers le sud, aurait menacé la ligne ferrée de Paris-Bordeaux. Je répondis au Ministre que toutes les mesures nécessaires seraient prises. Il me confirma encore toute la confiance que le pays et le Gouvernement ont en moi.

De suite après, je me mets en relations téléphoniques avec le général Joffre : il me confirme que nos armées battent en retraite devant les Allemands et que son aile gauche, 5e armée, est menacée d'être débordée par suite de l'inaction des Anglais qui « ne veulent pas marcher ». Je lui rends compte encore une fois de l'état précaire du Camp retranché, qui va être découvert par suite du mouvement de retraite des Anglais. Il me dit qu'il met à ma disposition la 6e armée (4 divisions de réserve, 1 division du 7e corps et une brigade marocaine), plus, sur la demande du Conseil des Ministres, la 45e division algérienne et le 4e corps qui vient de Verdun et commencera à débarquer le 3 septembre dans le sud du Camp retranché. J'insiste encore sur la nécessité de nous donner les forces suffisantes pour couvrir et défendre Paris. Le général Joffre me répond que, très pressé lui-même sur tout son front, il ne peut faire plus.

Vers deux heures, je téléphone au chef d'État-Major de la 6ᵉ armée, le général Maunoury étant absent. Je le mets au courant de ma conversation avec le général en chef et lui renouvelle mes recommandations au sujet de la retraite sur Paris, en évitant d'être coupé. Puis, je réunis à nouveau tous mes chefs de service pour les renseigner sur les mouvements de l'ennemi et leur demander à tous, artillerie, génie, intendance, santé, un nouvel effort pour remédier aux lacunes de l'organisation du Camp retranché avant l'arrivée des Allemands. Il faut que nos pièces soient prêtes à tirer demain, après-demain au plus tard. Je donne l'ordre de réquisitionner le nombre de taxi-autos nécessaires pour hâter le transport des munitions dans les batteries. Nos chefs de service, nos officiers et soldats de toutes armes, ont fait preuve, pendant ces jours graves, d'un dévouement et d'une activité au-dessus de tout éloge, secondés par la bonne volonté de tous : agents du service des téléphones, chauffeurs de taxi-autos, etc. Je me rappelle que, le 30 août, les nombreux observatoires, établis pour régler le tir de nos batteries, n'étaient pas reliés par le téléphone. Le 2 septembre, grâce à un travail surhumain de jour et de nuit, les liaisons étaient faites.

Le soir, vers 6 heures, de nouveaux « tauben »
vinrent survoler Paris. Leur apparition donna lieu,
dans plusieurs quartiers, à une fusillade nourrie, sans
résultat d'ailleurs.

En somme, la situation au 1er septembre était
donnée exactement par mon ordre du même jour,
18 heures (1) :

L'ennemi avait atteint le 31 août le front Tricot-
Ressons-sur-Matz. Sa cavalerie avait passé l'Oise
en aval de Noyon ; son infanterie se trouvait, sur
cette rivière, entre Noyon et Thourotte.

La 6e armée occupait le front La Neuville-en-Hez-
Avrigny. Elle tenait Senlis et Pontoise.

L'armée anglaise occupait le front Nanteuil-le-
Haudoin-Betz, découvrant la gauche de la 5e armée
et le front nord-est du Camp retranché.

Paris forme le point d'appui de gauche des armées
françaises se repliant vers le sud.

L'armée de Paris comprend les forces territoriales
en garnison dans le Camp retranché, plus la 6e armée,
la 45e division algérienne et le 4e corps qui ne sera
en mesure d'agir que le 4 septembre dans la nuit.

Dans sa retraite sur Paris, le général Maunoury
a ordre de manœuvrer de manière à couvrir le Camp
retranché dans les directions du nord et de l'est,
sans laisser entamer ses troupes, nécessaires à la
défense ultérieure de Paris.

Il viendra occuper, dans le nord du Camp retranché,

____

(1) Voir Documents, page 205.

la région entre la Marne et la grande route Paris-
Senlis. Il exercera le commandement dans cette
même région des éléments territoriaux qui s'y trouvent déjà, ainsi que de la brigade de cavalerie Gillet,
et des 3 groupes de batteries de sortie de la réserve
générale.

Le général Mercier-Milon prend le commandement
de la région entre la route Paris-Senlis et l'Oise.

Le groupe des deux divisions de réserve du général
Ebener doit opérer à l'ouest de l'Oise et s'opposera
au débordement de l'ennemi en disputant les passages
de la Viosne et le massif de l'Hautie.

Le général Maunoury dirigera le corps de cavalerie
Sordet, de manière à couvrir la gauche de l'armée de
Paris.

La 45e division est maintenue en réserve générale à
ma disposition avec son quartier général à Argenteuil.

En même temps, je me mettais en relations avec
le maréchal French et son chef d'État-Major, le
général Wilson, que j'avais connu aux grandes
manœuvres d'armée en France, en 1912. Je me mettais à leur disposition et leur demandais de me faire
connaître les mouvements de leur armée, afin de combiner autant que possible mes opérations avec les
leurs (1).

Toute la nuit du 1er au 2, nous restons sur pied,
et les troupes, dans les régions et secteurs étaient à
leurs postes d'alerte ; la 45e division algérienne, ayant

(1) Voir Documents, page 208.

débarqué à Choisy-le-Roy et traversé Paris par les boulevards Saint-Michel et Sébastopol, formait réserve entre Pantin et le Raincy ; la brigade de fusiliers marins à Saint-Denis. Cette brigade, à l'origine, avait été demandée pour faire la police dans Paris et j'avoue que j'étais réellement peiné, moi qui avais pu apprécier, dans mes campagnes coloniales, les solides qualités de ces gars robustes et décidés, de voir errer sur les grandes voies de la capitale les patrouilles de nos fusiliers. Ils avaient vraiment mieux à faire. Aussi, mon premier soin, dès que j'eus pris les fonctions de gouverneur, fut-il de demander que cette brigade, commandée par l'amiral Ronarch', fût organisée en force de campagne et cantonnée dans le Camp retranché, en dehors de la ville. La brigade de fusiliers marins devait s'illustrer sur les bords de l'Yser, où elle fut décimée, mais où elle nous permit et tenir tête aux formidables attaques des Allemands, désireux d'atteindre Calais.

Le 1er, on continuait à travailler partout énergiquement pour la mise en état de défense des ouvrages, de leur approvisionnement en munitions.

Dès la première heure, trois reconnaissances de nos avions — les escadrilles du Camp retranché comprenaient à ce moment neuf appareils seulement, les armées du front ayant accaparé tous les autres — étaient lancées dans la vallée de l'Oise, en amont de Pontoise, sur la route de Paris à Senlis, et vers Meaux dans la vallée de l'Ourcq, avec mission de déterminer la direction et la force des colonnes allemandes. En même temps, notre cavalerie était poussée au delà des limites du Camp retranché sur le front Nord, ainsi que vers le Nord-Ouest et le Nord-Est.

En somme, de tous les renseignements recueillis, il résultait, à 15 heures, la situation suivante : la première armée allemande, composée de 5 corps d'armée, avait atteint Soissons, la lisière sud de la forêt de Compiègne et Saint-Just-en-Chaussée. Elle marchait vers Paris. Une nombreuse cavalerie couvrait les régions au nord et au nord-est de Paris. Vers l'Oise, peu de monde. La 6ᵉ armée, dans sa retraite, avait détruit les ponts de Pont-Sainte-Maxence et Verberie.

Notre 6ᵉ armée accomplissait une marche forcée pour atteindre avant le soir le front qui lui avait été assigné au nord de Paris. L'armée anglaise s'était repliée sur le front Dammartin-Lizy-sur-Ourcq, sa gauche entrant dans le Camp retranché jusque dans les cantonnements de la 92ᵉ division territoriale, tandis que la 5ᵉ armée occupait le front depuis La Fère-en-Tardenois jusque vers Reims, laissant entre elle et les Anglais un trou de 8 kilomètres environ.

L'armée allemande devait donc être sous Paris avant deux jours ; je prends toutes mes dispositions pour livrer bataille sur le front Nord, depuis Pontoise jusque vers l'Ourcq.

Le général Maunoury est à mon quartier général à 11 heures. Nous prenons ensemble toutes les dispositions nécessaires pour qu'il puisse atteindre, dans la nuit du 2, le front qui lui a été assigné, en évitant de se laisser couper de Paris.

J'envoie deux de mes officiers au maréchal French, dont le quartier général est à Lagny (1), pour bien le mettre au courant des dispositions prises et lui demander des renseignements sur ses intentions.

Je me rends à 11 h. 1/2 chez le ministre de la Guerre. Il me dit que le Gouvernement, partant cette nuit, prépare une proclamation à la population parisienne qui sera affichée demain à la première heure, et ajoute qu'il sera utile que j'en fasse une également. Il me demande de lui communiquer le texte de ce document dans l'après-midi ; il termine en me manifestant le désir de me voir encore dans la soirée, pour me faire ses adieux.

Mes officiers rentrent du quartier général anglais où ils ont été très bien reçus. Ils ont trouvé les troupes anglaises qu'ils ont rencontrées en bon état. Le maréchal French a eu un succès hier sur la cavalerie allemande et se prépare à se retirer au sud de la Marne, où il espère pouvoir tenir quelque temps.

Dans l'après-midi, je m'occupe des mesures à prendre pour renforcer la police. Le préfet de police n'est pas partisan d'agents de bonne volonté, recrutés dans Paris et la banlieue.

Un nouvel avion allemand paraît sur Paris. On tire dessus sans le toucher. Il s'enfuit devant l'apparition de deux de nos avions. Je dois dire que la

____

(1) Voir Documents, pages 210, 211.

population montre un grand calme devant les entreprises des aviateurs ennemis. Les rues et places sont remplies [de curieux, les yeux en l'air. On est cependant un peu humilié de ces visites.

Je retourne à 7 heures au ministère de la Guerre. L'hôtel est triste, obscur, désert. La cour est pleine d'énormes voitures de déménagement qui transportent à la gare les archives destinées à être emportées à Bordeaux. Ce déménagement, dans les circonstances actuelles, est lugubre. Les escaliers ne sont pas éclairés. Un huissier m'introduit chez M. Millerand, seul dans son bureau complètement vide. Il trouve ma proclamation bien et me fait ses adieux en me serrant la main. Il me dit encore toute la confiance que le Gouvernement a en moi. Je ne puis m'empêcher, en le quittant, d'insister encore sur la situation précaire dans laquelle se trouve le Camp retranché et sur la nécessité, si la liberté des communications le permet, d'augmenter par tous les moyens possibles les troupes de défense.

Pour la première fois, je couche au lycée Victor-Duruy, vaste bâtiment où j'installe mon quartier général avec mes nombreux bureaux. Les Invalides étaient trop exigus pour l'importance qu'avaient pris tous mes services depuis le premier jour de la mobilisation. De plus, ils possédaient un trop grand nombre d'issues, qu'il était impossible de surveiller et de garder. Je n'oublierai jamais les jours passés aux Invalides du 26 août au 2 septembre, alors que le bruit se répandait dans Paris que l'ennemi appro-

chait et que la Capitale allait être investie. On venait
aux renseignements, on voulait des laissez-passer,
des autorisations de franchir les portes en automobile.
Nos bureaux étaient assiégés par une foule inquiète et
impatiente et, cependant, nous avions à nous préoccuper de la situation militaire, de plus en plus mena-
çante. Enfin, aux Invalides, on vivait toujours avec
les souvenirs du temps de paix et je voulais que
l'armée de Paris fût organisée comme une armée de
campagne, avec son quartier général, ses bureaux
d'état-major et ses différents services, toujours prêts
à marcher et à se transporter là où la nécessité l'exigeait.

C'est d'après ces principes que je fis installer
mon quartier général au lycée Victor-Duruy, situé
à peu de distance des Invalides. Le commandant du
quartier général plaça immédiatement des postes et
des sentinelles à toutes les issues, qu'il était interdit
de franchir sans une autorisation spéciale. Les divers
bureaux de l'État-Major s'établirent dans les salles
de classes des 1er et 2e étages, complètement isolés
du public et reliés aussitôt par les fils téléphoniques
à tous les quartiers généraux des troupes du Camp
retranché et même de nos armées du front. Nos
officiers étaient tenus de loger au quartier général
dans les chambres des étages supérieurs. Ils mangeaient
par bordées, dans des popotes organisées comme en
campagne. Enfin, les automobiles nécessaires étaient
constamment tenues prêtes à partir emportant nos
officiers de liaison vers les points où les appelait

leur service. Deux grands garages, situés dans les environs, renfermaient les voitures de renfort et de rechange, ainsi que les ateliers pour les réparations.

J'avoue que j'éprouvai un grand soulagement quand je vis, à partir du 2 septembre soir, mon État-Major et mes services installés ainsi comme en guerre et prêts à être transportés partout où ils seraient utiles.

CHAPITRE III

Le 3 septembre, le matin, à la première heure, les
Parisiens trouvent affichées sur les murs la proclamation du Gouvernement et la mienne. La grande
majorité d'entre eux apprend en même temps le
départ du Gouvernement et, par suite, la gravité de la
situation. La proclamation du Gouvernement est
longue, trop longue à mon avis. Je fais toutes mes
réserves sur le passage où elle affirme que le Gouvernement ne s'éloigne de Paris qu'après s'être assuré
que la Capitale est en état de défense et renferme une
armée suffisante pour la couvrir contre l'ennemi.

Depuis mon entrée en fonctions, je n'avais cessé
d'insister sur l'insuffisance et le retard de nos organisations de défense et sur la nécessité de me donner
une armée suffisamment nombreuse pour livrer
bataille aux Allemands dans des conditions possibles.
On a vu, par contre, que le Camp retranché de Paris,
avec son immense périmètre de 200 kilomètres environ, avec ses forts, ne comprenait, comme garnison,
que 4 divisions territoriales, plus 6 divisions de réserve
ou de l'active, sans compter le 4e corps, qui était

annoncé et qui, dès son débarquement, s'est révélé comme très diminué au point de vue de ses effectifs, de ses cadres et de son artillerie, par les luttes auxquelles il avait assisté depuis le commencement de la guerre, aux environs de Verdun. Au total, ... combattants environ, alors que Paris, lors du siège de 1870-1871, avec un périmètre bien moins considérable, comprenait une garnison de ..... hommes.

Ma propre proclamation était brève ; une courte phrase pour annoncer le départ du Gouvernement, une autre pour dire le mandat dont j'étais chargé, une dernière pour affirmer que ce mandat je le remplirais jusqu'au bout.

Je crois d'ailleurs qu'elle n'était pas inutile, car, ces derniers jours, il avait couru le bruit, dans Paris, que la Capitale, ainsi que cela venait d'avoir lieu pour Lille, devait être considérée comme ville ouverte, et, par suite, ne serait pas défendue. La veille, j'avais demandé, à ce sujet, des instructions précises à M. Millerand. Celui-ci avait été très affirmatif et m'avait répondu que « Paris devait être défendu à outrance ». J'avais ajouté : « Vous savez, M. le Ministre, ce que signifient ces mots *à outrance*. Ils comportent des mesures excessivement graves, des destructions, des ruines. C'est ainsi que je puis être amené à faire sauter des monuments, des ponts, le pont de la Concorde, par exemple. » M. Millerand me répéta « *à outrance* ». Ma mission était très nette et j'entendais que tout le monde sût bien qu'elle serait remplie avec la dernière énergie.

GOUVERNEMENT MILITAIRE DE PARIS

Armée de Paris,
Habitants de Paris,

Les Membres du Gouvernement de la République ont quitté Paris pour donner une impulsion nouvelle à la défense nationale.

J'ai reçu le mandat de défendre Paris contre l'envahisseur.

Ce mandat, je le remplirai jusqu'au bout.

Paris, le 3 Septembre 1914.

Le Gouverneur Militaire de Paris,
Commandant l'Armée de Paris,

GALLIÉNI

Paris — Imp. MARCEL PICARD, 110, rue du Faubourg-Saint-Martin (Téléphones 432-74 et 432-75).

Je dois dire, à ce sujet, que, dès les premiers jours, j'avais eu la confiance la plus absolue dans le calme et la résolution de la population parisienne. J'étais persuadé que celle-ci ne voudrait pas rester inférieure à celle qui, en 1870-1871, avait supporté si courageusement les dangers et les privations du long siège de près de 5 mois auquel elle avait été soumise. Mais, je croyais qu'il était indispensable de lui dire la vérité et de la mettre au courant de la situation. Ce n'est qu'à ce prix qu'elle pourrait, me semblait-il, accepter en toute confiance, et sans protester, les mesures graves qu'allait exiger la défense de Paris.

Je n'hésitai donc pas, dès le 3 septembre au matin, à faire mettre à exécution les ordres donnés la veille et que je ne pouvais appliquer auparavant, le Gouvernement craignant d'effrayer la population. On commença la destruction des locaux qui se trouvaient dans les zones réservées des fortifications et qui gênaient le tir des défenseurs; on procéda à l'abatage des arbres qui pouvaient servir d'abris à des tirailleurs cherchant à tirer au delà de l'enceinte et de ceux qui, disposés sur les voies de communication, devaient servir pour les barrages à organiser sur les routes et en avant des issues de l'enceinte ; des tranchées, des chevaux de frise, furent disposés devant les portes, fermées également par des cloisons de planches avec créneaux. Bref, on prenait toutes les mesures de précaution nécessaires pour exercer, aux portes restées ouvertes, la surveillance sur les automobiles, les voitures et même les simples piétons.

Je dois dire que les habitants de Paris ne parurent nullement effrayés par toutes ces mesures de guerre. Tout au contraire, il semblait qu'ils fussent satisfaits de voir qu'on prenait, sans égard aux dégâts commis, à la gêne imposée à tous, toutes les dispositions exigées pour la défense de la Capitale. Les circonstances étaient d'ailleurs urgentes, car les Allemands approchaient et un renseignement venu du Fort de Domont annonçait que des forces importantes débouchaient, dans la matinée de ce même jour, de la forêt de Chantilly, marchant sur Luzarches vers le sud. Les renseignements d'avions et des reconnaissances de cavalerie sont tous d'accord pour dire que, dans la matinée de ce jour, les colonnes de la 1ʳᵉ armée allemande se dirigent encore sur Paris. On signale même des éléments qui, par Betz et Nanteuil-le-Haudouin, sont en marche vers le sud-ouest.

Toutes les mesures sont donc prises pour pouvoir faire face, au nord et au nord-est du Camp retranché, au danger qui menace la Capitale.

La 6ᵉ armée, qui a exécuté une forte marche dans la journée du 2 septembre, est arrivée dans la soirée du 3 sur le front qui lui avait été assigné, entre la route de Senlis et la Marne. Le général Maunoury établissait son quartier général à Écouen et devait immédiatement commencer les travaux nécessaires pour fortifier le terrain qu'il occupait et préparer un champ de bataille de circonstance, en avant des lignes avancées du Camp retranché. Un important approvisionnement de fils de fer était mis à sa disposition pour installer, les réseaux de protection nécessaires en avant de son front.

La division du 7e corps avec son artillerie de corps s'établissait à hauteur de Louvres, à cheval sur la route de Paris à Senlis.

Le groupe des divisions de réserve du général de Lamaze (55e et 56e divisions) prenait position à hauteur de Dammartin, avec la brigade marocaine en arrière.

La brigade de cavalerie, à Villeroy, se reliait, bien qu'à grande distance, avec l'armée anglaise.

Celle-ci s'étendait depuis Couilly jusqu'au sud de la Ferté-sous-Jouarre, toujours séparée de la 5e armée par une lacune regrettable qui allait jouer un rôle important dans les événements qui se préparaient.

La 92e division territoriale, entre Gonesse et Mitry-Mory, étoffait en arrière l'armée Maunoury, tandis que la 85e division territoriale, avec une brigade poussée à Claye-Souilly, couvrait la région est du Camp retranché, se reliant, d'une part à l'armée anglaise et, d'autre part, à la 185e brigade, qui occupait la région de Corbeil, importante par ses moulins, et touchait elle-même à la 89e division qui s'étendait de Palaiseau à Poissy, tenant Versailles, Saint-Germain, Marly.

Le corps de cavalerie du général Sordet, à l'est de Mantes, couvrait le Camp retranché vers l'ouest et établissait une liaison assez précaire avec le groupe de divisions de réserve du général Ebener qui, con-

formément à ce qui a déjà été dit, couvrait Pontoise
et les deux rives de l'Oise.

La 83e division territoriale occupait toujours le
noyau central, c'est-à-dire l'intérieur de Paris, l'enceinte des fortifications et la ceinture des anciens
forts. Elle s'occupait activement à mettre ceux-ci
en état de défense, car rien n'avait encore été fait
à ce point de vue depuis le premier jour de la mobilisation.

Enfin, la 45e division algérienne, belle troupe,
débarquée tout récemment à Marseille, composée
d'anciens soldats pour une bonne part et commandée
par un général expérimenté, était toujours en réserve
générale à Pantin. Je comptais beaucoup sur elle
pour les opérations qui allaient s'ouvrir. En avant
d'elle, la brigade de fusiliers marins, admirablement
commandée et encadrée, achevait de s'organiser à
Saint-Denis, d'où elle pouvait être dirigée là où sa
présence serait nécessaire.

Toutes les mesures étaient donc prises pour la
bataille qui se livrerait sans doute le lendemain au
nord de Paris.

Malheureusement, les troupes de réserve qui, pour
la plupart, constituaient l'armée Maunoury, étaient
de valeur médiocre et ne valaient pas, tant s'en faut,
les corps d'armée actifs que j'avais si énergiquement
réclamés depuis quelques jours, et au Gouvernement
et au général commandant en chef. Le Commandant
du groupe des 55e et 56e divisions de réserve rendait
compte, à la date du 1er septembre, que « l'état de

RELIURE SERRÉE
ABSENCE DE MARGES INTÉRIEURES

Gouvernement Militaire
de Paris

Le Gouverneur

Paris, le 3 ... 1914

Armée de Paris,
Habitants de Paris,

Les membres du Gouvernement de la République ont quitté Paris pour donner une impulsion nouvelle à la défense nationale.

J'ai reçu le mandat de défendre Paris contre l'envahisseur.

Ce mandat, je le remplirai jusqu'au bout.

Paris, 3 septembre 1914.

Le Gouverneur militaire de Paris
commandant des armées de Paris

Galliéni

fatigue des hommes était très réel et que les effectifs étaient déjà fondus avant les embarquements ». D'autre part, la marche forcée des 1er et 2 septembre, pour se soustraire à la pression des Allemands, avait aussi beaucoup nui à l'état moral de ces troupes. Elles avaient laissé en arrière de nombreux traînards qui ne rejoignirent guère leurs corps que le 4 septembre dans la soirée, et encore pas tous, un certain nombre n'ayant reparu que plusieurs jours après. Il faut dire que ceux des éléments qui avaient tenu bon dans la 55e division avaient fait 60 kilomètres en retraite dans la journée du 2 et la nuit du 2 au 3. Ceux de la 56e division avaient combattu toute la journée du 2 et exécuté une retraite, harcelés par l'ennemi, pendant la nuit. Après cet effort, succédant aux fatigues ininterrompues des jours précédents, les uns et les autres étaient exténués.

Quant aux 61e et 62e divisions de réserve, leur état, ainsi qu'on l'a vu déjà lors de ma visite à Pontoise le 1er septembre, était encore plus précaire. La 62e division, depuis le 22 août, n'avait pas pu avoir un jour de repos. Depuis cette date, elle n'avait cessé de battre en retraite, constamment harcelée par l'ennemi. Un grand nombre d'officiers avaient été tués. C'est ainsi qu'à Pontoise, quand j'avais pu prendre contact pour la première fois avec le général Ebener, il m'avait été rendu compte que, dans cette division, 4 chefs de corps sur 6 étaient tués ou blessés, les deux tiers des chefs de bataillon et des capitaines étaient tombés. Il n'y avait plus que quelques sous-lieutenants de réserve pour les remplacer ; 5.000 fantassins sur 120.000 étaient tués, blessés ou prisonniers. La 51° division était dans la même situation.

J'ajouterai enfin qu'un nouveau corps d'armée, le 4°, commençait ses débarquements dans la journée du 3 dans l'intérieur du Camp retranché, aux gares du Bourget et de Noisy-le Sec. On se rappelle avec quelle insistance j'avais demandé une force active suffisante pour pouvoir livrer bataille en avant de nos lignes avancées, en même temps que l'on travaillait partout activement pour remédier aux retards constatés dans la préparation de la défense de la Place. Mes demandes se heurtaient, il faut bien le dire, aux répugnances du Général commandant en chef qui, pressé lui-même par un ennemi victorieux et entreprenant, cherchait à se démunir le moins possible de ses forces actives en faveur des places fortes, qu'il considérait comme sacrifiées d'avance. Tout commandant d'armée est, avant tout, soucieux de conserver à son pays les armées dont il a la charge. Mais mon point de vue ne pouvait être le même : on m'avait confié la garde de la ville de Paris et de son Camp retranché qui embrassait la vaste et populeuse banlieue de la Capitale, dont elle constituait, à vrai dire, le prolongement. D'autre part, ces quelques jours passés parmi cette population qui se montrait si calme et si résolue en présence des dangers qui la menaçaient, et aussi l'abondance des ressources que la défense nationale pouvait tirer des usines, manufactures, fabriques qui travaillaient alors à plein

pour nos armées, m'avaient de suite convaincu que
la prise de Paris eût porté un coup mortel à la patrie. Les circonstances n'étaient plus les mêmes qu'en
1870-1871 et rien ne devait être négligé pour éviter
une catastrophe dont les conséquences eussent été
incalculables.

Le Gouvernement avait tenu compte de ces considérations et fait un nouvel effort auprès du général
Joffre pour me faire envoyer un corps d'armée actif
supplémentaire. C'est ainsi que le 4º corps, venant de
la région de Verdun, commençait à débarquer aux
gares du Bourget et de Noisy-le-Sec. Ce qu'était
ce nouvel élément de la défense de Paris, je le dirai
plus loin. Pour le moment, il devait se réorganiser
et se joindre à la réserve générale du Camp retranché.

Ce qui rendait encore la situation plus grave,
au point de vue de la défense de Paris, c'étaient les
instructions qui venaient de nous parvenir du Grand
Quartier Général, Instruction générale nº 4, du
1er septembre (1), résumée et précisée par la « Note
pour les commandants d'armée » (2) du 2 septembre,
arrivée à Paris le 3 septembre au matin.

Nos armées, il ne faut pas l'oublier, étaient en
retraite ininterrompue depuis le 22 août. On a vu
déjà les effets dissolvants de ces marches en retraite
répétées, le plus souvent de nuit, sur les deux groupes
de divisions de réserve de l'armée Maunoury. Effectifs fondus, nombreux traînards tombés aux mains

(1) Voir Documents, page 212.
(2) Voir Documents, page 215.

de l'ennemi, bagages perdus, fusils et canons enlevés et, surtout, disparition du moral de la troupe ; tels étaient les résultats des retraites effectuées ces derniers jours par nos différentes armées. Le Général en chef voulait donc s'efforcer, à juste raison, de se soustraire à la pression de l'ennemi, afin de permettre à ses armées de s'organiser et de se fortifier dans la zone où elles s'établiraient en fin de repli. Tel était le but général assigné à nos armées par le paragraphe *a*) de la note du 2 septembre.

Le paragraphe *b*) envisageait l'établissement de l'ensemble de nos forces sur une ligne générale marquée par Pont-sur-Yonne, Nogent-sur-Seine, Arcis-sur-Aube, Brienne-le-Château, Joinville, sur laquelle elles se recompléteront par les envois des dépôts. Ces prescriptions pouvaient, si elles étaient appliquées, ce dont je doutais en raison de la vitesse de marche des colonnes allemandes, remplir l'objectif poursuivi par le Général en chef. Mais ces marches en retraite, ces passages de cours d'eau, ces destructions et mesures de défense — « nous voulons, m'avait téléphoné le général Joffre, faire le désert en avant de nos armées » — et surtout la remise sur pied des effectifs par les arrivages des dépôts, demandaient un temps considérable, qu'on peut évaluer à une douzaine de jours au moins. Et, pendant ce temps, l'ennemi avançait toujours, avec des étapes journalières de 60 kilomètres environ. On sait combien est parfaite, mais rude aussi, la discipline de marche de nos adversaires. Malheur aux retardataires et aux traînards ! Les officiers et sous-officiers ne les épargnent pas et, pendant les batailles de l'Ourcq, nous avons vu plusieurs fois, aux bords des chemins, des soldats allemands tombés frappés d'une balle de revolver dans la nuque. Il n'y a donc pas à trop s'étonner de cette vitesse de marche, répondant d'ailleurs aux nécessités militaires du moment : des troupes en retraite doivent toujours être poursuivies avec la dernière énergie.

Quoi qu'il en soit, d'après les instructions du Général en chef, nos armées allaient se retirer au sud de la Seine et de ses affluents pour s'y reconstituer et s'établir dans de fortes positions fortifiées ; mais ce vaste mouvement de repli allait avoir pour résultat de découvrir Paris, désormais livré à ses seules forces. La Capitale était sacrifiée. Déjà, le Gouvernement l'avait abandonnée, suivi par tous les services généraux, et le Général en chef rappelait à lui les dépôts qui existaient dans le Camp retranché ainsi que le corps de cavalerie Sordet (1) qui nous couvrait vers l'ouest et dont le départ allait laisser complètement dégarnie la région de la Basse-Seine. Encore, si le Camp retranché avait été complètement et fortement organisé, il eût pu servir de solide point d'appui de gauche à nos armées en retraite, mais nous étions encore en pleine période des mesures de préparation pour la défense.

La même note prévoyait en même temps (paragraphe c) le renforcement de l'armée de droite par

(1) Voir Documents, page 216.

deux corps prélevés sur les armées de Nancy et d'Épinal. Cette disposition me paraissait encore contraire aux intérêts de la défense de Paris. Si ces deux corps d'armée, au lieu d'être portés à droite, étaient au contraire dirigés sur la gauche, de manière à étayer l'armée anglaise et la 5e armée, il eût été possible de parer au débordement dont ces deux armées étaient menacées depuis leur retraite de Belgique, de combler le vide qui s'étendait entre elles et peut-être même de permettre de reprendre l'offensive à notre tour. De toute manière, l'arrivée de ces deux corps à proximité du Camp retranché augmentait la capacité de défense de la Place et les délais nécessaires pour les travaux de fortification, si négligés depuis le premier jour de la mobilisation.

Ces mesures prises : repli au sud de la Seine, reconstitution des unités par les renforts des dépôts, et transport de deux corps vers notre extrême droite, on devait passer à l'offensive sur tout le front (paragraphe *d*). J'ai démontré déjà que nos armées, constamment poursuivies depuis la Belgique et la Meuse, n'auraient pas eu le temps suffisant d'opérer leur mouvement de repli et, qu'avant de parvenir sur les positions fixées, elles auraient été forcées de se retourner pour faire tête à l'ennemi ; qu'en toute circonstance, il était permis à ce dernier de tenter une action brusquée contre la Capitale, encore mise imparfaitement en état de défense.

L'aile gauche devait être couverte par toute la cavalerie disponible (paragraphe *e*), en l'état, le corps

LE GÉNÉRAL GALLIÉNI DANS SON BUREAU DU LYCÉE VICTOR DURUY, TRANSFORMÉ EN QUARTIER GÉNÉRAL
DES ARMÉES DE PARIS (septembre 1914)

de cavalerie Sordet, ramené de la Basse-Seine, entre Melun et Montereau. Cette cavalerie allait évidemment s'immobiliser dans le trou existant entre l'armée anglaise et la 5ᵉ armée, mais je l'eusse préférée plus au nord pour couvrir le flanc gauche des armées et menacer les communications de l'ennemi.

Il était en outre demandé à l'armée anglaise (paragraphe *f*) de participer à la manœuvre, en tenant la Seine de Melun à Juvisy et en débouchant sur le même front lorsque la 5ᵉ armée passerait à l'attaque. Toute la gauche anglaise pénétrait ainsi dans la zone sud du Camp retranché sur les emplacements occupés déjà par la 185ᵉ brigade territoriale qui était coincée sur sa droite par le corps de cavalerie Sordet. Il y aurait eu là une confusion complète, d'autant plus que la 5ᵉ armée venait, à son tour, s'intercaler entre Pont-sur-Yonne et Nogent-sur-Seine.

Enfin, l'armée de Paris (paragraphe *g*) devait agir en direction de Meaux.

En résumé, la note du 2 septembre, comme tous les documents émanant d'un État-Major peu au courant de la situation sur les divers points du vaste front, et voulant malgré tout entrer dans le détail des mouvements à exécuter, prescrivait une manœuvre *a priori* qui ne tenait aucun compte de la situation générale et surtout de la marche rapide de l'ennemi. Quant à Paris, il était laissé à ses propres forces et le mouvement de repli des armées le découvrait complètement.

Dans cette même journée du 3, j'allai rendre visite

aux ambassadeurs des États-Unis et d'Espagne qui, seuls, n'avaient pas suivi le corps diplomatique à Bordeaux. Tous deux m'étaient signalés comme très sympathiques à notre pays. M. Myron Herrick, qui représentait les États-Unis, me fit l'accueil le plus cordial. Sans se départir de la réserve qui convenait au représentant d'une puissance neutre, il sut trouver les paroles nécessaires pour m'encourager dans la rude tâche qui était la mienne et me faire comprendre qu'il ne saurait pas oublier, si besoin était, les devoirs qui lui incombaient pour veiller à l'observation des lois de la guerre et au respect des conventions internationales. Je pus me rendre compte d'ailleurs que, pour lui, l'entrée prochaine des Allemands à Paris ne faisait aucun doute, car il me demanda l'autorisation de faire placer des affiches spéciales à la porte des immeubles habités par des citoyens américains, pour leur servir de sauvegarde. Ces affiches étaient déjà imprimées et toutes prêtes, comme le montre l'exemplaire reproduit pages 86 et 87.

Je reçus également le meilleur accueil de l'ambassadeur d'Espagne, qui, d'ailleurs, était remplacé quelques jours après. Je ne connais pas exactement les sentiments que cet Ambassadeur professait pour la France, mais, ce qui est certain, c'est que l'attaché militaire espagnol, qui avait suivi les cours de la Kriegsakadémie, ne cachait pas sa prédilection pour les Allemands dont il prédisait les succès rapides et certains.

J'en dirai autant du ministre de Norvège, resté également à Paris. Sous des dehors très favorables à notre pays, il montrait, dans ses discours et conversations, que ses sympathies allaient à nos ennemis. Il eût été désireux, me parut-il, de jouer un rôle actif et important, tout au moins comme intermédiaire, si les Allemands entraient dans Paris.

Je constatais, en traversant les rues de la Capitale, que la population ne semblait nullement alarmée par les nouvelles peu favorables qui commençaient à circuler. On vivait, il est vrai, sur le souvenir du siège de 1870-1871 et l'on se figurait que l'investissement se produirait d'après les mêmes règles, combats autour de Paris, défense des forts, résistance jusqu'à épuisement complet des vivres. On voyait de nombreux troupeaux dans les bois de Vincennes et de Boulogne, dans les fossés des fortifications, et on savait que des trains de blé et farine arrivaient constamment dans nos gares encombrées. De plus, on ignorait les retards mis à l'organisation des défenses du Camp retranché.

Mais les conditions n'étaient plus les mêmes. L'expérience de ce premier mois de guerre, la chute rapide des places de Liége, Namur, Maubeuge et bientôt d'Anvers prouvaient que nos fortifications actuelles ne pouvaient tenir contre les effets de l'artillerie moderne. L'Allemagne et l'Autriche avaient su prendre l'avance à ce point de vue et nos ouvrages du Camp retranché n'auraient pu lutter avec avantage contre les 420 allemands et les 350 autrichiens. Notre fort

bétonné de Manonvillers, construit d'après les derniers
perfectionnements, avait été complètement détruit
après 36 heures de bombardement des mortiers allemands de 420. Par contre, nous avions profité, nous
aussi, de l'expérience de ces dernières semaines, nous
nous étions reportés aux enseignements de la guerre
des Balkans et de celle de Mandchourie et nous savions
qu'un système de tranchées profondes et étroites,
recouvertes par des masses de terre et de rondins,
flanquées par des mitrailleuses et précédées par tout
un réseau de défenses accessoires, fils de fer, chevaux
de frise, trous de loup, etc., occupées par des hommes
instruits et déterminés, constituait un ensemble
à peu près imprenable. C'est d'après ces idées
qu'étaient conduits, en ce moment, nos travaux
aux abords de Paris. Toute la région, entre Pontoise
et la presqu'île de Carnetin au nord, entre la Marne et
Brunoy à l'est, enfin, entre la Seine et Poissy, par
Trappes et Palaiseau, dans la direction sud, se couvrait d'une triple ligne de tranchées, parsemées de
nombreuses batteries, où avaient été transportées
les pièces de 155, 120 et 95, jusque-là remisées dans
les forts. Mais ces énormes travaux, bien que poussés
avec la plus fébrile activité, étaient encore loin d'être
terminés. Quoi qu'il en soit, la population parisienne
semblait attendre les événements sans affolement et
sans appréhension.

Je quitte Paris à 14 heures avec mon chef d'État-
Major pour me rendre à Tremblay-les-Gonesse, où le
général Maunoury venait d'établir son quartier

SAUVEGARDE

AVIS

est donné par **L'AMBASSADEUR
DES ETATS-UNIS D'AMERIQUE**
que le local situé à Paris _______

est occupé par **M** _______
de nationalité Américaine, et de ce fait
se trouve **SOUS LA PROTECTION DU
GOUVERNEMENT DES ÉTATS-UNIS.**

En conséquence, l'Ambassadeur
demande que les Américains habitant
ledit lieu ne soient pas molestés et que
les objets s'y trouvant soient respectés.

L'Ambassadeur,
MYRON T. HERRICK

Imprimerie HERBERT CLARKE, 338, rue Saint-Honoré, Paris.

SCHUTZBRIEF

Die Botschaft der Vereinigten Staaten Von Nord-Amerika macht bekannt dass die in Paris ______________

______________ gelegenen Raeume die von ______________

Amerikanischem Burger bewohnt resp. occupirt sind, sich

UNTER DEN SCHUTZE DER REGIERUNG DER VEREINIGTEN STAATEN befinden

Infolge dessen erwartet der Botschafter der Vereinigten Staaten dass die diese Raeume bewohnenden Amerikaner nicht belaestigt und die in denselben befindlichen Gegenstaende nicht bescheidigt werden.

Der Botschafter,

MYRON T. HERRICK

Druckerei CHANDLE CLARKE, 338, rue Saint-Honoré, Paris

général. La 6º armée avait pu opérer sa retraite sans
être trop inquiétée et ses divers éléments s'instal-
laient sur le front Pontoise-Louvres Dammartin qui
lui avait été assigné. Elle s'efforçait, après la période
mouvementée qu'elle venait de traverser, de reprendre
un peu de cohésion et de se préparer à la nouvelle
tâche qui allait lui incomber. J'avais pu trouver,
dans nos ressources du Camp retranché, un certain
nombre d'officiers pour commencer à combler les
vides des diverses unités. C'est ainsi que le général
Ruault, de l'artillerie coloniale, que j'avais eu autre-
fois sous mes ordres à Diego-Suarez et qui, tout
récemment arrivé à Paris, s'était mis à ma disposition, avait consenti à remplacer le lieutenant-colonel
Potal tué à la tête de l'artillerie du groupe de divisions
de réserve Ebener. Mais la concentration hâtive des
éléments du 7º corps et du groupe de divisions de
réserve de Lamaze, troublée par l'arrivée de la cavalerie allemande et la retraite sur Paris avait nui fortement à l'organisation de cette armée, qui n'avait
pu encore trouver le repos nécessaire pour se refaire
et rallier ses traînards. On ne peut se douter combien
une retraite précipitée et prolongée est nuisible à la
discipline d'une troupe, surtout quand cette troupe
se compose d'éléments de réserve, mal encadrés et
jetés sur la ligne de feu sans une préparation suffisante.

Je mets le général Maunoury au courant de la
situation : retraite de nos armées au delà de l'Yonne
et de la Seine, pour reprendre l'offensive ensuite,

marche rapide des Allemands, emplacements de nos troupes pour couvrir le Camp retranché de Paris, moyens en matériel et personnel mis à sa disposition pour renforcer son armée, mesures prises pour observer les mouvements des différents corps de l'armée du général von Kluck.

Le général Maunoury devait, le lendemain de bonne heure, transporter son quartier général au Raincy, où il se trouvait mieux au centre de son commandement.

Au retour, nous traversons les troupes de la 45e division algérienne qui, ainsi qu'il a été déjà dit, s'installait comme réserve générale entre Noisy-le-Sec et Vincennes, ayant en avant d'elle, au Bourget, la brigade de fusiliers marins. Cette division, commandée par le général Drude, le premier conquérant du Maroc, avait fort bel aspect. Elle se trouvait concentrée aux Aubrais dans les derniers jours d'août. J'avais insisté auprès du ministre de la Guerre pour qu'elle me fût envoyée, mais, en présence des objections du Général commandant en chef, dont les armées étaient fortement pressées par l'ennemi, M. Millerand m'avait demandé s'il ne valait pas mieux la diriger vers le front. J'y avais consenti. Cependant, en présence de la situation subitement aggravée et de l'arrivée imminente des Allemands devant Paris, j'étais revenu sur mon avis et le Ministre, faisant droit à mes raisons, avait donné des ordres pour que cette division fût dirigée sur le Camp retranché, où elle avait commencé ses débarquements à Choisy-le-

Roi. Son passage dans Paris par le boulevard Saint-Michel et le boulevard de Sébastopol avait fait sensation. Les régiments de zouaves et de tirailleurs algériens qui la composaient avaient un effectif renforcé. Elle avait ses organes au complet, son régiment de chasseurs d'Afrique, son artillerie de 75, ses convois dont les voitures étaient du type africain, traînées en général par des mulets, ses ambulances. Le général Drude avait bien dû se mettre en marche avant d'avoir reçu tous ses services de l'arrière, mais, telle quelle, la division donna aux Parisiens qui la virent défiler en tenue de guerre à travers quelques-unes des principales voies de la Capitale, l'impression d'une force sérieuse, venue pour renforcer la garnison appelée à les défendre. Il fallait d'ailleurs aller vite, car les circonstances étaient urgentes et on ne pouvait donner aux troupes le repos que toutes réclamaient en mettant le pied dans l'étendue du Camp retranché. Pour moi, cette division algérienne constituait surtout une troupe fraîche, qui n'avait pas encore été éprouvée par les pertes si considérables infligées à nos différentes unités pendant les jours précédents, et qui n'avait pas connu l'influence déprimante d'une retraite qui avait influé d'une manière si grave sur l'état moral et matériel des divisions de réserve de la 6e armée. Je faisais donc un grand fond sur cette division algérienne qui, unie à la brigade de fusiliers marins et à une brigade de zouaves de marche, constituée par les dépôts de Saint-Denis, pouvait former un corps d'armée qui serait la réserve générale du Camp retranché. Pour le moment, ainsi qu'on l'a déjà vu, cette réserve était concentrée dans la zone Pantin-Saint-Denis-Le Bourget, prête à être transportée vers le nord ou le nord-est, suivant les besoins.

Après mon arrêt à la division algérienne, je me rendis à Pierrefitte, quartier général de la 92e division territoriale. Je m'y rencontrai avec le général Mercier-Milon, que j'orientai sur les dispositions déjà prises par la 6e armée, dans la région nord-est du Camp retranché. Il m'informa que les divers éléments étaient à leurs postes, que les liaisons étaient assurées avec les troupes voisines, et que l'on continuait à travailler très activement aux défenses du Camp retranché, au transport des munitions dans les ouvrages et à la pose des réseaux de fils de fer en avant des forts et des tranchées. Quant aux ouvrages qui n'étaient pas complètement terminés, ils avaient été organisés de manière à pouvoir quand même être utilisés. C'est ainsi qu'à l'Orme de Morlu, situé au sud de Roissy-en-France, au point culminant de notre intervalle nord, et qui commandait la grande route de Senlis à Paris, les bétonnages des abris n'étaient pas terminés, mais on avait suppléé à ceux-ci par plusieurs couches de rails de chemin de fer. En somme on pouvait dire que, pour le 4 au matin, nos batteries seraient toutes à peu près en état de tirer et approvisionnées en moyenne à une cinquantaine de coups par pièce. Un résultat considérable avait été ainsi obtenu, si on pense que, deux jours auparavant, les pièces étaient encore en désordre,

attendant d'être placées sur leurs plates-formes ina-
chevées.

Je trouvai également à Pierrefitte l'amiral Ronarc'h
commandant la brigade de fusiliers marins. Celle-ci
était à peu près organisée et prête à entrer en campagne. Ses marins étaient vêtus de la capote d'infanterie pour les préserver contre le froid des nuits et
leurs bérets de matelots seuls pouvaient les distin-
guer de nos fantassins ordinaires.

Les rues des diverses localités de la banlieue que je
traversais dans cette région, Saint-Denis, Pantin,
Le Bourget, étaient pleines de monde et je constatais
encore l'attitude, pleine de calme et de résolution,
des habitants du pays, heureux surtout de voir
refluer sur Paris les troupes, les algériens, les marins
notamment, destinés à assurer la défense de la capitale en cas d'investissement. On peut dire que cette
région était entièrement transformée en un véritable
camp et que toutes les mesures de défense qui se
préparaient et s'exécutaient donnaient confiance
à tout le monde.

J'étais de retour au Quartier général à 18 h. 30.
Des renseignements de la plus grande importance
m'étaient aussitôt communiqués. Dans la matinée
du 3 septembre, les têtes de colonnes allemandes
avaient dépassé Creil et Senlis, se dirigeant toujours
sur Paris ; une autre troupe dépassait Clermont-sur-
Oise, suivant la même direction. Des détachements
encore plus importants se montraient entre la forêt
de Compiègne et Soissons, marchant également vers

le sud. Une grosse force de cavalerie battait le pays en avant de Crépy-en-Valois. Une autre masse était signalée à Compiègne et environs. La grande route de Senlis à Paris semblait donc être l'axe de marche des colonnes allemandes. Plusieurs colonnes avaient même été vues débouchant entre Crépy-en-Valois et Villers-Cotterets, dans la direction générale du sud-ouest, c'est-à-dire vers Paris.

Mais, vers midi, la situation changeait du tout au tout. Les renseignements de nos avions et de nos reconnaissances de cavalerie étaient formels : la première armée allemande, abandonnant la marche dans la direction de Paris, s'infléchissait vers le sud-est, sauf un corps, le 4e corps de réserve, qui semblait devoir couvrir le mouvement, se dirigeant de Senlis vers Luzarches, où avait eu lieu un engagement de cavalerie, premier contact de l'ennemi avec les troupes du Camp retranché. Deux colonnes de moindre importance étaient toujours signalées au sud de Creil et de Beauvais. Dans la soirée, la situation se résumait donc ainsi : un corps d'armée allemand en marche vers le sud sur le front Luzarches-Morte-fontaine, suivi d'éléments vers Creil et Beauvais ; une colonne d'un corps d'armée environ, en formation de route, entre Nanteuil-le-Haudouin et Lizy-sur-Ourcq ; une autre colonne, un peu moins importante, entre Ormoy et Mareuil-sur-Ourcq, précédée par une autre colonne de corps d'armée dont la tête atteignait Château-Thierry ; enfin, plus vers l'est, une dernière colonne, dont la queue quittait Soissons et la tête avait déjà franchi, vers Oulchy-le-Château, la ligne ferrée de Reims à Paris. On pouvait compter ainsi les 5 corps d'armée qui composaient l'armée du général von Kluck : le 4e corps de réserve, toujours aiguillé sur Paris et laissé en arrière des 2e et 3e, 4e et 9e corps actifs qui, eux, avaient pris franchement la direction du sud-est, entre l'armée anglaise et la 5e armée.

Il était indispensable de se rendre compte si ce changement d'orientation se confirmait bien pour le lendemain. Aussi, est-il prescrit aux escadrilles du Camp retranché d'envoyer leurs reconnaissances le lendemain 4 septembre, à la première heure, pour explorer la région de Creil, Chantilly, Senlis, Nanteuil-le-Haudouin, Lizy-sur-Ourcq, Château-Thierry et Betz, ainsi que la vallée de l'Oise jusqu'à Villers-Cotterets et la vallée de la Marne jusqu'à Meaux et enfin la route de Compiègne et la vallée de l'Aisne jusqu'à Soissons. J'appelais l'attention de nos officiers aviateurs sur l'importance des renseignements qu'ils me rapporteraient et que je demandais avant 10 heures du matin. J'aurais, d'après eux, à prendre les plus graves décisions, au sujet desquelles je m'ouvrais, dès le 3 septembre au soir, à mon chef d'État-Major, le général Clergerie : si la première armée allemande continuait sa marche vers le sud-est, elle offrait le flanc à l'attaque des armées de Paris. Je pensais donc, dès ce moment, à prendre l'offensive contre l'aile droite ennemie, malgré les risques que pouvait présenter cette opération, malgré les directives du général en chef, prescrivant aux armées de se replier au sud de la Seine et de l'Yonne. Je restai sur pieds à peu près toute la nuit, impatient de recevoir les renseignements qui devaient me fixer d'une manière définitive sur la situation et me dicter les dispositions à prendre.

CHAPITRE IV

Le 4 septembre, les reconnaissances de cavalerie quittent le Camp retranché avant le jour. Leurs renseignements confirment ceux déjà donnés la veille sur le changement de direction effectué par la 1re armée allemande. La route de Senlis à Paris est vide d'ennemis ; Senlis est incendié, Creil aussi. Nanteuille-Haudouin et Crépy-en-Valois sont évacués. La région à l'ouest de la route de Paris à Senlis est libre. On signale simplement encore quelques patrouilles de cavalerie sur la rive droite de l'Oise et vers Beauvais.

Les rapports de reconnaissances des aviateurs permettent ensuite de préciser ces indications en ce qui concerne les mouvements de la 1re armée allemande.

Voici quelle était sa situation vers 10 heures :

Le 4e corps de réserve était en marche en deux colonnes vers Lizy-sur-Ourcq et Meaux.

Les 2e, 3e, 4e et 9e corps actifs avaient franchi la Marne et commençaient déjà à se déployer au rond du Petit Morin, de la Ferté-sous-Jouarre jusque vers Orbais, face à la droite de l'armée anglaise et surtout à la 5e armée. La cavalerie, vers Crouy, flanquait le 4e corps de réserve.

En somme, toute la 1re armée allemande marchait carrément et rapidement vers le sud, ayant franchi la Marne et se préparant à passer sur la rive gauche du Petit Morin. Le 4e corps de réserve lui-même avait déjà passé l'Ourcq et allait atteindre la Marne. Il y avait là une grave imprudence, car l'armée nous présentait son flanc droit et laissait à découvert ses derrières, encombrés par ses convois et ses colonnes de munitions et de ravitaillement, nous dictant ainsi les mesures que nous devions prendre nous-mêmes. Il fallait d'ailleurs se hâter car l'ennemi marchait rapidement, cherchant à consommer son œuvre d'enveloppement de l'aile gauche des armées françaises. De notre côté, l'armée anglaise avait continué à reculer, surtout par sa droite, et s'étendait obliquement au sud du Grand Morin et de son petit affluent l'Aubetin, entre Chalifert et Fretoy. Le corps de cavalerie Conneau la reliait à la 5e armée qui, elle aussi, avait retraité de près de 40 kilomètres en 24 heures et tenait le front forêt de Jouy-Sézanne.

Aucun changement pour les troupes de l'armée de Paris.

Tout d'abord, je faisais rédiger, pour les unités sous mes ordres, le bulletin de renseignements no 4 (1),

(1) Voir Documents, page 217.

en y mentionnant les indications relatives à nos armées et communiquées par le G. Q. G.

La situation étant bien connue, le moment était venu de prendre une décision. D'une part, il résultait des documents qui m'avaient été transmis, et notamment de « l'Instruction générale n° 4 » du 1er septembre (1) et de la « Note pour les commandants d'armée » du 2 septembre (2) qui la précisait que, depuis les événements du 31 août qui déjouaient son plan d'attaque contre l'aile droite ennemie, le Général commandant en chef avait opté résolument pour l'ajournement de l'offensive et se préoccupait avant tout de se soustraire à la pression des Allemands.

Sur une nouvelle progression de l'ennemi, le plan d'opérations se précise. Le Général en chef semble craindre que les armées n'exécutent pas un mouvement de recul assez grand. Il veut, à tout prix, essayer d'échapper aux étreintes de l'ennemi, afin de permettre aux diverses unités de se ressaisir, de rattraper les traînards et de permettre aux renforts d'arriver. L'aspect des hommes de réserve que j'avais vus, il y a quelques jours, à Pontoise et à Creil, au moment de la retraite de la 6e armée sur Paris, permettait de conclure que cette retraite devait à tout prix être arrêtée, sous peine de se transformer en déroute.

Bref, le 2 septembre, le général Joffre indique, dans sa note, que le but est « de soustraire les armées à

(1) Voir Documents, page 212.
(2) Voir Documents, page 215.

la pression de l'ennemi, de les amener à s'organiser et à se fortifier dans la zone où elles s'établiront en fin de repli », et « où elles devraient attendre les renforts des dépôts ». Le Général en chef fixe, à cet effet, une nouvelle ligne, en arrière sur certains points de la précédente, passant par Pont sur-Yonne, Nogent-sur-Seine, Arcis-sur-Aube, Brienne-le-Château, Joinville. Il prescrit que les armées « s'établiront sur cette ligne générale, où elles se recompléteront par les envois des dépôts ». A ce moment seulement « elles passeront à l'offensive sur tout le front ».

Il était certain que ces directives avaient le grave inconvénient de ne pas tenir compte de l'ennemi dont les colonnes, toujours aussi mordantes, ainsi qu'on l'a vu par la marche rapide des différents corps de la 1re armée allemande, n'auraient sûrement pas laissé à nos armées le temps nécessaire pour se conformer à ce nouveau programme. Avant d'avoir atteint la ligne de repli, assignée par la note du 2 septembre, en arrière de la Seine et de l'Yonne, nos colonnes en retraite auraient été obligées de faire tête à l'ennemi dans des conditions particulièrement désavantageuses, puisqu'elles n'avaient cessé de reculer depuis la Belgique et la Meuse.

D'ailleurs nos armées auraient-elles pu arriver à temps sur leur ligne de repli? Je ne le crois pas. En admettant simplement pour la 1re armée allemande une vitesse moyenne journalière de 40 kilomètres, ce qui était inférieur à la réalité si nous considérons les marches effectuées du 31 août au 4 septembre, le général von Klück était certain d'arriver sur la Seine le 6 septembre au plus tard et forçait l'armée anglaise et la 5e armée, pour ne prendre que nos armées de gauche, à livrer bataille le même jour, sur la rive droite de ce fleuve, et sans avoir eu le temps de le franchir; encore moins, comme le demandait le général Joffre, de s'y arrêter, d'organiser des positions fortifiées et le désert entre elles et l'ennemi et de s'y reconstituer par les envois des dépôts. Il fallait se replier encore, peut-être même jusqu'à la ligne classique du plateau de Langres. De toute manière, le Camp retranché de Paris, et c'est le point qui me préoccupait le plus en raison de mes responsabilités comme gouverneur de la Capitale, était complètement découvert. Le repli de nos armées compromettait le salut de Paris. Bien plus, il compromettait cette offensive que le Haut Commandement de nos armées leur avait assignée en fin de repli. Paris était abandonné et cet abandon ne favorisait nullement la reprise de la marche en avant qui pouvait seule arrêter l'envahissement de la France.

L'offensive immédiate n'entrait pas davantage dans les plans du maréchal French : il avait proposé de son côté, ainsi qu'il résulte d'une lettre du 2 septembre du Général en chef au ministre de la Guerre (1), d'organiser sur la Marne « une ligne de défense qui serait tenue par des effectifs suffisamment denses en profondeur et particulièrement renforcée derrière

(1) Voir Documents, pages 218 et 219.

le flanc gauche ». Mais ce plan même est rejeté par le général Joffre pour une raison dont on ne saurait trop souligner l'importance : « La situation actuelle de la 5ᵉ armée, écrit-il le 2 septembre, ne lui permettrait pas d'assurer à l'armée anglaise en temps voulu une aide efficace sur sa droite. » Il propose tout au contraire au maréchal French, après avoir tenu quelque temps sur la Marne, « de porter l'armée anglaise sur la rive gauche de la Seine qu'elle tiendrait de Melun à Juvisy, en liaison directe avec les troupes de défense du Camp retranché ».

Cette lettre, reçue le 3 septembre, ne pouvait que confirmer le maréchal French dans la crainte qu'il éprouvait déjà et qui persistera malheureusement par la suite, de n'être pas suffisamment soutenu sur sa droite, en cas d'action commune avec la 5ᵉ armée. Aussi, acceptera-t-il sans réserve l'idée d'une retraite sur la Seine, appuyée par la garnison mobile de la Capitale.

En résumé, à la date du 3 septembre et même du 4 septembre, dans la matinée, c'est-à-dire au moment où, la marche de la 1ʳᵉ armée allemande vers le Sud-Est se confirmant, *il me fallait prendre une décision sauvegardant avant tout les intérêts de la Capitale dont j'avais la charge*, nos armées, y compris l'armée anglaise, avaient ordre de se replier derrière la Seine, et le Général en chef insistait pour que ce mouvement s'exécutât aussi rapidement que possible. Suivant moi, ce mouvement de repli était mauvais, parce que : 1º Il découvrait le Camp retranché

En résumé, à la date du 3 7bre et même du 4 7bre, dans la matinée, c'est-à-dire au moment où, la marche de la Ire Armée allemande vers le S. E. se confirmant, il me fallut prendre une décision sauvegardant avant tout les intérêts de la Capitale dont j'avais la charge, nos armées, y compris l'armée anglaise avaient ordre de se replier derrière la Seine et le G.Q.G. insistait Chef d'Etat pour que ce mouvement s'exécutât aussi rapidement que possible. Tandis que, ce mouvement de repli était mauvais parce que : 1° Il découvrait le C. R. de Paris. 2° Il ne tenait pas compte de l'ennemi; 3° Il ne pouvait s'exécuter à temps et les têtes de colonnes alle-

-mandés seraient déjà actuelle-
-ment à Pont-sur-Yonne,
Nogent-sur-Seine, etc., quand
les troupes anglaises et fran-
-çaises y parviendraient. D'après
les dires du C^el de la Ve armée
le fait avait déjà eu lieu
plusieurs fois, lors de la retraite
de cette armée de Charleroi vers
l'Aisne; 4° Il interdisait tout
idée d'offensive immédiate, la
retraite au-delà de la Seine,
l'organisation de la défensive,
l'arrêt jusqu'à l'arrivée des
renforts des dépôts, comportant
bien un délai d'une douzaine
de jours, pendant lequel les
Allemands auraient eu le
temps de terminer leur mou-
-vement de débordement de
notre aile gauche.

de Paris ; 2º Il ne tenait pas compte de l'ennemi ; 3º Il ne pouvait s'exécuter à temps et les têtes de colonnes allemandes seraient déjà certainement à Pont-sur-Yonne, Nogent-sur-Seine, etc., quand les troupes anglaises et françaises y parviendraient. (D'après les dires du Commandant de la 5e armée, le fait avait déjà eu lieu plusieurs fois lors de la retraite de cette armée de Charleroi vers l'Aisne) ; 4º Il interdisait toute idée d'offensive immédiate, la retraite au delà de la Seine, l'organisation de la défensive, l'arrêt jusqu'à l'arrivée des renforts des dépôts, comportant bien un délai d'une douzaine de jours, pendant lequel les Allemands auraient eu le temps de terminer leur mouvement de débordement de notre aile gauche.

Quand, après la guerre, le général von Klück nous aura fait connaître les raisons pour lesquelles il a abandonné Paris le 3 septembre dans la soirée et le 4 septembre dans la matinée pour prendre la direction du sud-est, nous verrons certainement que la cause déterminante de cette marche de flanc à proximité du Camp retranché de Paris était la volonté, conforme d'ailleurs aux vrais principes des maîtres de la guerre, du maréchal de Moltke notamment, d'en finir tout d'abord avec les armées de campagne de l'ennemi. Or, les armées anglaise et française, 5e armée notamment, étaient en retraite depuis le 22 août, ayant dû constamment céder le terrain devant la Iʳᵉ armée allemande, chargée du mouvement débordant de notre aile gauche.

Anglais et Français, séparés d'ailleurs par une lacune
que bouchait incomplètement le corps de cavalerie
Conneau, étaient une proie qui s'offrait aux coups
des Allemands et qu'il fallait saisir avant qu'ils aient
pu s'arrêter, se fortifier et se reconstituer. On s'occuperait de Paris ensuite. Mais cette opération obligeait
les Allemands à défiler, à 40 kilomètres environ,
à l'est du Camp retranché. C'était montrer un mépris
non déguisé pour l'armée de Paris et, j'ajouterai, pour
son chef.

En ce qui concerne la première, le général von
Klück s'était certainement laissé abuser par la faible
résistance que lui avaient opposée les éléments de
la 6e armée, hâtivement rassemblés dans la région
de Montdidier-Saint-Just-en-Chaussée et peu préparés à arrêter une armée victorieuse ; celle-ci,
jusqu'à ce moment, avait pu opérer sans trop de
difficultés le vaste mouvement débordant qui, à
travers la Belgique, puis, par Lille, Arras, l'avait
amenée jusque sur l'Oise, l'Aisne et la Marne et allait
s'enfoncer en coin entre les forces du maréchal French
et du général Franchet d'Esperey.

Quant au gouvernement militaire de Paris, le chef
allemand n'ignorait pas que le Camp retranché était
loin d'être en état de défense, que les batteries
n'étaient pas toutes armées et que leur approvisionnement en munitions n'était pas encore à pied
d'œuvre. Il savait de plus que la garnison du Camp
retranché se composait en majeure partie de troupes
territoriales et il ne pouvait supposer que, la Capitale

étant toujours menacée par l'ennemi qu'une marche victorieuse de quelques jours avait porté jusque sur la Seine, je serais assez imprudent pour me priver des forces destinées à la défense de Paris et les porter à plus de 40 kilomètres, risquant ainsi de les voir coupées de leurs communications avec le Camp retranché.

Toutes ces réflexions, je me les étais faites également. Toutes ces raisons, je me les étais données aussi et j'avais abouti à cette conclusion que, malgré le mouvement de repli ordonné par le Général en chef et la crainte d'enlever à Paris les forces appelées à le défendre, le salut de la Capitale, comme celui de nos armées et de la France entière, exigeait une décision énergique et immédiate, à savoir : le transport rapide contre le flanc droit de l'armée allemande de toutes les troupes dont je pouvais disposer.

En premier lieu, il fallait agir vite. Les circonstances étaient urgentes, les minutes étaient des heures, que dis-je, des jours et même des années. La 1re armée allemande se hâtait pour en finir avec l'armée anglaise et la 5e armée française, qu'elle comptait mettre hors de cause à compter du 6 septembre, en achevant le mouvement débordant qui devait isoler nos armées de Paris et du cœur de la France en les rejetant vers l'Est et vers la Suisse. Il ne fallait pas permettre que cette opération pût s'accomplir et, pour cela, il fallait, sans délai, sans perdre un moment, exécuter le changement de front qui devait nous porter sur le flanc droit de l'ennemi.

D'autre part, cette menace contre le flanc et les communications de l'armée von Klück devait être faite par des forces aussi nombreuses que possible. Il fallait que, de la Capitale, sortît une armée imposante, surprenant l'ennemi par son nombre et son irruption inattendue. Ce fut là le second point sur lequel je portais de suite tous mes soins.

En somme, la 6ᵉ armée, placée sous mes ordres par la lettre du ministre de la Guerre en date du 2 septembre (1) et par le télégramme du Général en chef (2), comprenait : le groupe des divisions de réserve du général de Lamaze, environ 30.000 hommes ; une division du 7ᵉ corps, avec l'artillerie de corps sous le commandement du général Vauthier, environ 20.000 hommes en calculant largement ; une brigade marocaine, environ 7.000 hommes ; un total approximatif de 60.000 hommes. A ces chiffres, il fallait ajouter le groupe des divisions de réserve du général Ebener, environ 30.000 hommes, chiffre fort, occupé en ce moment à couvrir le nœud de chemins de fer de Pontoise et le nord-ouest du Camp retranché, et le corps de cavalerie du général Sordet, mis provisoirement à ma disposition par le Général commandant en chef. En résumé, l'armée Maunoury ne pouvait, comme éléments actifs et de réserve, disposer que de 60.000 hommes environ. C'était peu, et on a vu que ces troupes se trouvaient dans un état de fatigue qui nuisait à leur situation physique et morale.

(1) Voir Documents, page 204.
(2) Voir Documents, page 206.

Je décidai donc de renforcer de suite cette armée par la 45e division algérienne, composée de troupes fraîches et commandée par un général expérimenté. Cette division était à effectif renforcé. C'était un appoint très appréciable d'une vingtaine de mille hommes. D'autre part, j'étais informé que le 4e corps, qui m'était encore envoyé comme renfort de la garnison de Paris, avait déjà commencé ses débarquements la veille, et je prenais aussitôt mes dispositions pour que les divers éléments de ce corps d'armée fussent dirigés vers la 6e armée, au fur et à mesure de leurs débarquements et par les moyens les plus rapides, dont nous parlerons plus loin.

En un mot, la nouvelle armée de Paris ainsi constituée comprenait l'ancienne armée Maunoury, plus la 45e division algérienne, plus le 4e corps, et pourrait se renforcer ensuite du groupe de divisions Ebener (dès que tout danger aurait disparu dans la région de l'Oise et au nord de Paris), du corps de cavalerie Sordet et d'éléments pris encore parmi les troupes du Camp retranché, comme les 3 groupes d'artillerie territoriale, dits de sortie, un ou deux équipages de ponts et plusieurs sections d'auto-canons. Bref, la nouvelle armée, ainsi organisée, pouvait se monter à 150.000 hommes environ, force très appréciable et qui, lancée à propos et dans la bonne direction, ferait sûrement sentir son effet et obligerait à ce qu'on ne la négligeât pas.

Toutes ces dispositions préliminaires étant prises,

je n'hésitai pas à adresser l'ordre de mouvement
ci-dessous :

ARMÉES DE PARIS   Paris, le 4 septembre 1914, 9 h. 1.

Etat-major   *Secret.*

3ᵉ Bureau   ORDRE PARTICULIER Nº 11

Nº 648 D/3   *Le général de division* GALLIÉNI,
commandant les armées de Paris,
à M. le général MAUNOURY, *commandant la 6ᵉ armée*

Le Raincy.

« En raison du mouvement des armées allemandes,
qui paraissent glisser en avant de notre front dans la
direction du S.-E., j'ai l'intention de porter votre
armée en avant dans leur flanc, c'est-à-dire dans la
direction de l'Est, en liaison avec les troupes anglaises.

« Je vous indiquerai votre direction de marche
dès que je connaîtrai celle de l'armée anglaise. Mais
prenez dès maintenant vos dispositions pour que vos
troupes soient prêtes à marcher cette après-midi et
à entamer demain un mouvement général dans
l'Est du camp retranché.

« Poussez immédiatement des reconnaissances de
cavalerie dans tout le secteur entre la route de Chantilly et la Marne.

« Je mets la 45ᵉ division dès maintenant sous vos
ordres.

« Venez de votre personne me parler le plus tôt
possible.

Le général commandant les armées de Paris,

« *Signé* : GALLIÉNI. »

Les troupes de la 6º armée étaient orientées vers le Nord, ainsi qu'il a été dit précédemment. Elles s'attendaient à livrer bataille sur le front Pontoise-Ecouen-Dammartin, face à Senlis, et surtout, l'ennemi ne menaçant plus Paris pour le moment, elles souhaitaient de prendre le repos nécessaire pour se remettre, se reconstituer, se recompléter en hommes, matériel et munitions. C'était le vœu de tous les chefs. d'unités. Les circonstances ne le permettaient pas, et c'est pour ne pas perdre une minute que l'ordre était donné à la 6º armée de commencer ses préparatifs dans ses cantonnements, et d'aiguiller ses divers éléments vers l'Est .On était ainsi prévenu à l'avance, à la 6º armée, que, malgré les fatigues et les combats des jours précédents, l'intérêt du pays, le salut de la Capitale exigeaient encore de nouveaux efforts et que l'on reprît la marche, cette fois vers l'Est, dans l'après-midi.

Nos troupes étaient informées du changement de direction opéré par la Ire armée allemande, de mon intention de tomber dans le flanc du IVe corps de réserve et de la possibilité d'exécuter ce mouvement en liaison avec l'armée anglaise, adossée, dans la matinée du 4 septembre, au Camp retranché de Paris, vers Chalifert, mais reculant par sa droite.

Une coopération étroite avec les Anglais était indispensable, et, pour mieux l'assurer, il fallait connaître les intentions de nos alliés. C'est pour cette raison que je me bornai à prescrire le mouvement général vers l'est du Camp retranché pour l'après-midi, sans indiquer encore exactement la direction de la marche.

Des reconnaissances de cavalerie étaient immédiatement envoyées dans la région entre la route de Chantilly et la Marne.

Je mettais dès ce moment, 9 h. matin, la 45e division algérienne sous les ordres du général Maunoury, que je convoquais de suite auprès de moi.

En résumé, le 4 septembre, à 9 heures du matin, dès que l'état-major du gouvernement militaire eut été fixé sur la marche vers l'est de la Ire armée allemande, l'armée de Paris recevait l'ordre de se diriger également vers l'est, dans la direction de l'Ourcq, contre le flanc droit de l'ennemi. Toutes les mesures étaient prises pour mettre à la disposition de cette armée mobile toutes les ressources disponibles (1). On doit se rappeler que nous venions de recevoir (matinée du 3 septembre) l'ordre de repliement de nos armées au sud de la Seine et de l'Yonne.

Le général Maunoury arrivait à 11 heures du matin à mon quartier général, au lycée Victor-Duruy. Nous nous mettions d'accord sur l'opération à exécuter. Il déjeunait avec moi.

La décision bien prise et les ordres étant déjà donnés, mon chef d'état-major téléphonait au grand quartier général pour le mettre au courant des dispositions réalisées. Il importait que le Général en chef, pour le succès des opérations et la coordination des efforts,

(1) Voir Documents, page 220.

fût bien tenu au courant de mes intentions, et cela
d'autant mieux que sa note du 2 septembre, reçue
le 3, prescrivait avec insistance le repli au sud de
la Seine. En raison de ces directives impératives,
je me rendais compte de la difficulté d'entraîner
la marche de l'armée anglaise et de la 5e armée, mais,
bien persuadé dès ce moment que nous pouvions et
devions profiter de la faute commise par la Ire armée
allemande, je me bornai à aviser le grand quartier
général de l'ordre donné à l'armée de Paris de se
mettre en marche, dans la soirée, vers l'Est, cette
armée pouvant opérer, suivant les circonstances,
au nord ou au sud de la Marne. Mais, pour moi, mon
opinion était déjà faite. La situation s'était précisée
le 4 septembre au matin. Les dernières reconnaissances d'avions avaient signalé, « vers Etrepilly, des
troupes de toutes armes se dirigeant vers le Sud-
Est » ; d'autres, passant déjà la Marne, « en marche
dans la direction de Trilport ». La Ire armée allemande avait pour objectif certain et immédiat la
droite de l'armée anglaise et la gauche de la 5e armée,
de manière à couper ces deux armées l'une de l'autre
et à déborder la gauche de nos armées. Après les
renseignements déjà donnés, elle ne laissait sur l'une
ou l'autre rive de l'Ourcq qu'une flanc-garde plus
ou moins nombreuse jusqu'à l'écoulement complet
de ses colonnes, en la circonstance le IVe corps de
réserve. Marcher droit sur cette flanc-garde, la refouler
de tout le poids des forces disponibles de l'armée de
Paris, se jeter sur les derrières de l'ennemi, bousculer

ses convois, c'était réaliser peut-être l'enveloppement
de l'armée du général von Klück. C'était profiter, en
tout état de cause, de toutes les chances qu'accu-
mulait contre elle sa situation aventurée.

Ce plan imposait sans hésitation l'attaque par la
rive nord de la Marne et l'objectif de l'armée de Paris
devait être, non seulement la flanc-garde allemande,
mais aussi et surtout les derrières et les communications de la Iʳᵉ armée. C'était donc vers le Nord,
dans la direction de Villers-Cotterets, que nous
devions surtout agir et porter nos renforts. Mais,
dans la matinée du 4 septembre, on ne l'oubliera pas,
nous nous trouvions encore en présence de la note
du 2 septembre qui, elle, ne voyait le salut et le succès
que dans le repliement au sud de la Seine et de
l'Yonne. Ce pouvait être vrai pour les armées du
centre et de la droite françaises, mais, à coup sûr, pas
pour l'armée anglaise et la 5ᵉ armée, et, *a fortiori*,
pas pour l'armée de Paris.

En résumé, le 4 septembre, à 9 heures du matin,
l'ordre avait été donné, d'une manière ferme, à
l'armée mobile de Paris, reconstituée sur de nouvelles
bases et considérablement renforcée, de quitter ses
cantonnements dans l'après-midi pour prendre la
direction de l'Est. Le général Maunoury, convoqué
a mon quartier général, avait reçu mes instructions
précises et mon état-major préparait toutes les
mesures de détail nécessaires pour diriger nos forces
disponibles dans le plus bref délai possible contre
le flanc droit des Allemands et contre leurs commu-

Partant, on prend activement toutes les mesures de défense, ordonnées les jours précédents. Toutes les portes sont interdites et barricadées, gardées par des postes de garde républicaine et de territoriaux, renforcés par des gardiens de la Paix et des employés de l'octroi. Un certain nombre de portes seulement sont ouvertes aux voitures et automobiles. Et encore, ces dernières sont-ils soumis à l'examen des laissez-passer, délivrés par la Préfecture de Police et le Gouvernement militaire.

nications. Mais en dehors de l'avis adressé au grand quartier général, il manquait encore l'accord avec le Général en chef et surtout avec l'armée anglaise. La journée entière du 4 va être employée à les obtenir.

Je me mets donc en route à 1 heure et demie pour le quartier général anglais. J'emmène avec moi le général Maunoury, le général Clergerie, mon chef d'état-major et quelques officiers de mon état-major, munis des copies de mes ordres et des cartes nécessaires pour expliquer les mouvements et les intentions de l'armée de Paris. Partout, on prend activement toutes les mesures de défense ordonnées les jours précédents. Toutes les portes sont interdites et barricadées, gardées par des postes de garde républicaine et de territoriaux renforcés par des gardiens de la paix et des employés de l'octroi. Un certain nombre de portes seulement sont ouvertes aux voitures et automobiles. Et encore, ces derniers sont-ils soumis tous à l'examen des laissez-passer, délivrés par la Préfecture de police et le Gouvernement militaire. Sous la surveillance d'officiers du génie, de nombreux ouvriers travaillent aux clôtures des barrières, au creusement des tranchées, à l'abatage des arbres, à la destruction des maisons et baraques qui, en temps de paix, ont envahi les zones interdites. La situation est grave et cependant la foule assiste indifférente, nullement effrayée, à ce spectacle nouveau pour elle. On attend les événements avec confiance, semble-t-il. Nos automobiles sont l'objet d'une curiosité sympathique. Un grand nombre de chapeaux se lèvent sur notre passage. La porte de Charenton franchie, nous allons rencontrer sur la grande route de Melun, tout le long du trajet, l'image de la guerre; d'abord beaucoup de véhicules automobiles, appartenant à l'armée britannique, portant les noms de grandes maisons de commerce ou d'industrie anglaises et se dirigeant vers Villeneuve-Saint-Georges, où nos alliés ont installé une station-magasin et une gare d'évacuation ; puis de nombreuses voitures de toutes formes, pauvrement attelées, transportant des réfugiés qui fuient devant l'invasion et viennent chercher un asile dans la banlieue de Paris. Les atrocités commises par les Allemands dans leur marche sur Paris, l'incendie systématique de Senlis et Creil, l'exécution du maire et des otages de Senlis, la mort de plusieurs habitants, forcés de marcher devant, lors des attaques allemandes contre nos troupes, avaient semé la terreur dans toute la région qui s'étendait entre l'Aisne et la Marne. Nos ennemis avaient imprimé à cette guerre un caractère de rigueur et de cruauté tel que j'avais tout à redouter pour la capitale de la France, dont le sort m'avait été confié.

Nous sommes à Melun à 3 heures. Nous nous rendons de suite au quartier général anglais, très bien installé au collège, sur la grande route nationale de Melun-Meaux. Deux sentinelles, appartenant à un régiment écossais, nous rendent les honneurs. De nombreux soldats, automobilistes, cyclistes, dorment sur la pelouse, devant les bâtiments du collège, témoignant ainsi des fatigues subies pendant les marches et combats des jours précédents. Des secrétaires travaillent aux machines à écrire, à droite et à gauche du perron qui accède au rez-de-chaussée du bâtiment principal. Un officier vient au-devant de nous et nous conduit au bureau occupé par l'état-major. Le maréchal French était d'ailleurs absent, en tournée sur le front de ses troupes, et on ne savait à quelle heure il rentrerait. Nous ne trouvions que l'un des chefs d'état-major, le général directeur des services de l'arrière et aussi le colonel Huguet, chef de la mission française attachée au quartier général anglais. Aidé du général Maunoury et de mon chef d'état-major, je mis le général anglais au courant des dispositions que nous avions prises dans la matinée et de nos intentions : la Ire armée allemande s'étant infléchie vers le Sud-Est et nous offrant ainsi son flanc droit, l'armée de Paris, réorganisée et renforcée, avait reçu l'ordre de rompre ses cantonnements dans l'après-midi même du 4 septembre pour prendre la direction de l'Est. Le Général en chef avait été informé de ce mouvement. En attendant sa décision, l'armée de Paris allait prendre pour objectif le IVe corps de réserve allemand qui couvrait le mouvement de la Ire armée et qui, dans la matinée, était signalé marchant en deux colonnes vers Trilport et Lizy-sur-Ourcq. La Ire armée allemande marchait à une allure qui dépassait certainement 45 kilomètres par jour. Il y avait donc un intérêt majeur à aller vite pour dépasser, si possible, les projets de l'ennemi, cherchant évidemment à écraser tout d'abord l'armée anglaise et la 5e armée, afin de pouvoir ensuite revenir sur Paris. L'armée de Paris serait certainement en contact avec le IVe corps de réserve allemand dans l'après-midi du 5 septembre. Il était donc indispensable que l'armée anglaise arrêtât son mouvement de retraite, pour reprendre l'offensive dès le lendemain et combiner ses efforts avec ceux de l'armée de Paris. De toute manière, il était nécessaire que nous fussions fixés le plus tôt possible sur la direction d'attaque de l'armée britannique, et j'indiquai sur la carte le Grand Morin et Coulommiers, comme le but à atteindre tout d'abord, tandis que le général Maunoury s'avancerait contre l'Ourcq, menaçant la 1re armée de flanc, tandis que l'armée anglaise la menacerait de front. J'insistai surtout sur la nécessité d'agir avec promptitude en mettant de côté les considérations de fatigue des troupes, de repliement et de renforcement des unités, qui pourraient retarder le moment de la reprise du mouvement en avant.

Il est certain que je sentis tout d'abord une grande répugnance de la part du chef d'état-major anglais à entrer dans nos vues. Il se retranchait derrière les instructions formelles du Général commandant en chef, derrière la nécessité de reconstituer les unités, fortement éprouvées les jours précédents, au moyen des renforts débarqués du Havre et qui étaient déjà parvenus dans la zone de l'arrière. D'autre part, le général anglais se déclarait incapable de décider quoi que ce soit en l'absence de « Sir John ».

Malgré tout, je demande qu'une note précise soit rédigée d'après les bases que je viens d'indiquer ; mais, après 3 heures de conférence et de discussion, j'ai l'impression que mes intentions ne sont pas très bien comprises et que nos alliés ne jugent pas encore le moment opportun pour passer à l'offensive. On me promet de me téléphoner à mon quartier général à Paris, dès le retour du maréchal French.

Nous quittons Melun vers 5 heures : le général Maunoury, pour rejoindre son quartier général au Raincy et surveiller le mouvement commencé par ses troupes, moi, pour rentrer à Paris, où j'avais hâte d'être de retour, aussi bien pour recevoir les communications que j'attendais du G. Q. G. (1) et du maréchal French que pour me faire rendre compte de la marche de nos travaux de défense et de l'état d'avancement des mesures ordonnées pour le ravitaillement de la Capitale, la rentrée des réfugiés venus de l'extérieur, l'exode des habitants qui quittaient Paris, etc. On ne se doutera jamais des multiples préoccupations qui, en dehors de mes devoirs de Commandant en chef de l'armée de Paris, lesquels dominèrent tous les autres pendant ces quelques journées graves mais intéressantes, s'imposaient à moi avec la nécessité de donner à toutes une solution urgente.

Dès mon retour au Quartier général, j'étais mis

____

(1) Voir Documents, page 221.

au courant de la situation par le colonel Girodon.
Cet officier était rentré gravement blessé du Maroc et,
malgré sa blessure exigeant l'emploi de deux béquilles,
m'avait demandé lui-même à être attaché à mon État-
Major ; j'avais été très heureux de pouvoir utiliser
les services de cet officier éminemment distingué.
D'une part, le Général commandant en chef se ralliait
déjà à l'idée d'offensive, mais il restait nettement
opposé à l'action par le nord de la Marne « Des deux
propositions que vous m'avez faites pour l'emploi
des troupes du général Maunoury, m'écrit-il à 13 heures
dans un télégramme (1), parvenu à 14 h. 50, je considère comme la plus avantageuse celle qui consiste à
porter la 6e armée sur la rive gauche de la Marne, au
sud de Lagny. » C'est en conformité de cette idée qu'il
a soumis, dans la matinée du 4, un plan d'opérations
nouveau au maréchal French. Dans sa lettre du
4 septembre (2) au général en chef anglais, il dit :
« Au cas où les armées allemandes poursuivraient
leur mouvement vers le sud-sud-est, s'éloignant ainsi
de la Seine et de Paris, peut-être estimerez-vous
comme moi que votre action pourrait s'exercer plus
efficacement sur la rive droite de ce fleuve, entre la
Marne et la Seine ; votre gauche, appuyée à la Marne,
étayée par le Camp retranché de Paris, serait couverte par la garnison mobile de la Capitale qui se
portera à l'attaque par la rive gauche de la Marne. »
Le maréchal French, de son côté, reste nettement

(1) Voir Documents, page 222.
(2) Voir Documents, page 222.

En somme, d'une part, le 9ᵉ C[orps] en chef se ralliait déjà à l'idée d'offensive, mais il restait nettement opposé à l'action par le Nord de la Marne. "Des deux propositions que vous m'avez faites pour l'emploi des troupes Maunoury, m'écrit-il à 13 h. dans un avis, parvenu à , "je considère comme la plus avantageuse celle qui consiste à porter la 6ᵉ armée sur la rive gauche de la Marne en aval de Lizy". C'est en s'inspirant de cette idée qu'il a émis, dans la matinée du 4, un plan d'opérations nouveau au Maréchal French

opposé au plan d'attaque dont j'avais ordonné l'exécution par mes directives initiales à 9 heures. Ayant tout d'abord paru hésitant, j'apprends, par un message du colonel Huguet du 4 septembre (1), que « sur les conseils de prudence de son chef d'état-major », il a pris, en réalité, le parti d'éviter le combat pendant plusieurs jours encore. Peu pressé par l'ennemi, il a donné repos à ses troupes pour la journée du 4. Dans la matinée de ce même jour, il fait la promesse, peu précise d'ailleurs, de rester « aussi longtemps qu'il sera possible dans sa situation présente au sud de la Marne ».

Nous étions encore loin des décisions fermes que j'avais exposées dans ma visite au G. Q. G. anglais à Melun. J'avais démontré la nécessité d'agir immédiatement contre le IV⁶ corps de réserve allemand, resté sur la rive gauche de l'Ourcq, et fait connaître que nos colonnes commençaient leurs marches vers l'est dans cette même journée du 4 septembre. Comme conséquence de cette offensive contre le flanc droit et les communications de la I⁶⁰ armée allemande, j'avais demandé que l'armée anglaise, renonçant à son mouvement de repli au sud de la Seine, coopérât à l'opération en reprenant la marche en avant et j'avais indiqué comme objectif la ligne du Grand Morin et le front approximatif Coulommiers-Nangis. Le télégramme du général Wilson, trouvé à notre rentrée à Paris et daté de 18 h. 30, disait : « Ma-

(1) Voir Documents, page 224.

réchal non encore rentré, mais, dès maintenant, ordres donnés pour porter l'armée anglaise sur la ligne Ozoir-la-Ferrière, Tournan-Ormeau. » Si l'on considère que les troupes anglaises occupaient à ce moment, au sud de la Marne, la ligne de Courtevrault à la Ferté-sous-Jouarre, on constate que ce mouvement, auquel on a donné pour motif de « dégager le terrain pour le débouché de la VIᵉ armée », avait en réalité pour résultat d'infléchir la ligne anglaise vers le sud-ouest et, par suite, de continuer la retraite. Ce mouvement fut exécuté dans la nuit du 4 au 5 septembre et a été l'une des causes de retard de l'offensive anglaise, ce qui ne peut surprendre, puisque cette armée reculait, tandis que l'armée de Paris, au contraire, se portait en avant vers l'ennemi.

Au reste, à 21 heures, un nouveau télégramme du colonel Huguet m'apportait la « décision du Maréchal », pour le moins inattendue : « Accepte propositions retraite sur Marne les 5 et 6. Préfère raison changements continuels situation, étudier à nouveau à ce moment avant de décider sur opérations ultérieures. » Et cependant, les moments étaient comptés et l'armée allemande se trouverait, dès le lendemain, au sud de la Marne et sur le Grand Morin.

Dans toute opération de guerre, n'est-il pas nécessaire de tenir compte, avant tout, de l'ennemi et du but à atteindre, à savoir, la destruction de cet ennemi? Et, dans cette circonstance la situation, à mon sens, se présentait d'une manière très simple, au moins en

(Photo Manuel.)

LE GÉNÉRAL GALLIÉNI
PENDANT LA BATAILLE DE LA MARNE (septembre 1914)

ce qui concernait les forces réunies dans la région du
Camp retranché de Paris, de l'Ourcq et de la Marne :
une armée allemande marchait à grande allure vers
le sud contre des forces anglo-françaises, en retraite
depuis plusieurs jours. D'autre part, cette armée allemande, dans sa marche, prêtait le flanc, en découvrant même ses communications, à une armée française de l'ouest qui, par son passage dans le camp
retranché de Paris, avait pu se reconstituer et se
renforcer. Le commandant de cette armée française
n'avait-il pas pour devoir de tomber, sans tarder un
moment, sur l'armée allemande assez imprudente
pour faire cette marche de flanc en méprisant son
armée? Toutes les considérations, tirées de l'insuffisance de la préparation de la défense du Camp retranché de Paris, de la fatigue des troupes, des directives
déjà données pour le repliement au sud de la Seine,
*devaient s'effacer devant l'occasion à saisir et le but
à atteindre sans perdre un moment.*

Tel fut le mobile qui guida ma conduite dans cette
grande journée du 4 septembre. J'ajouterai que, dès
mon retour à Paris, en présence surtout des tergiver-
sations du quartier général anglais, je téléphonai
moi-même au général Joffre pour bien le mettre au
courant des dispositions prises, de la marche vers
l'est de l'armée de Paris, ayant la route de Meaux à
Senlis comme axe de marche, de l'offensive à prendre
dès le premier contact avec les troupes du 4e corps
de réserve allemand et qui était prévu pour le lendemain dans l'après-midi, de la nécessité pour l'armée

anglaise de coopérer à ce mouvement et enfin, des hésitations rencontrées chez le Haut Commandement anglais. Le Général en chef, malgré ses directives des 1er et 2 septembre, était définitivement gagné à ce plan. Il parvint même, à la dernière heure, à rallier l'accord du maréchal French pour porter son armée face à l'est, mais en la maintenant au sud de la Marne, dans le prolongement de notre armée de Paris. Fort de cette approbation, j'adressai à 20 h. 30 l'ordre général du 4 septembre (1), que j'avais déjà prescrit de préparer avant mon départ pour Melun et qui développait et précisait mes instructions du matin 9 heures. J'indiquais, pour l'armée anglaise, le front Coulommiers-Changis à occuper, mais je faisais, à part moi, toutes réserves pour l'exécution de ce mouvement. Quant à l'armée de Paris, elle recevait l'ordre très ferme de se porter sur l'Ourcq avec sa droite à Meaux, devant se renforcer successivement par la 45e division algérienne et les divers éléments du 4e corps au fur et à mesure de leur débarquement.

Ces mesures concernaient essentiellement la constitution et la mise en mouvement de l'armée de Paris, placée sous les ordres du général Maunoury et destinée à opérer contre le flanc droit de l'armée allemande, sans jamais perdre le contact avec la Capitale, à la défense de laquelle elle devait participer quand l'ennemi reviendrait vers elle. Mais le meilleur moyen

____

(1) Voir Documents, page 225.

d'assurer le salut de Paris était évidemment de battre les forces qui, une fois achevé l'enveloppement à l'aile gauche des armées françaises, se retourneraient contre le Camp retranché. Le IVe corps de réserve allemand, resté sur la rive droite de l'Ourcq, avait certainement pour mission de surveiller le Camp retranché et de protéger le débarquement du matériel de siège, laissé libre par la prise des places de Liége, Maubeuge et Namur, et dirigé vers la Capitale pour tenter une attaque brusquée suivant la méthode inaugurée par les Allemands depuis le commencement de la guerre. Grâce à leur excellent système d'espionnage, ces derniers n'ignoraient pas les défectuosités de la défense de Paris. Nous devions nous appliquer à déjouer ces projets et, dans ce but, attaquer avec toutes nos forces disponibles et sans perdre une minute le corps ennemi laissé ainsi isolé sur le flanc droit de la 1re armée. La confiance en soi-même est certes une très grande qualité chez un chef militaire, mais à condition de ne pas pousser le mépris de l'adversaire au point de s'aveugler sur ses intentions et sur ses possibilités. Déjà, les Allemands s'étaient trompés sur la capacité de résistance des Belges qu'ils avaient jugés incapables d'opposer la moindre résistance à leur entrée dans ce pays. Ils allaient se tromper plus cruellement encore en croyant que l'armée de Paris resterait immobile dans le Camp retranché, attendant avec anxiété l'arrivée de ses ennemis. Le lendemain même, dans l'après-midi, leurs illusions tomberaient à ce sujet.

Les paragraphes V et VI de l'ordre du 4 septembre concernaient les mesures à prendre pour la défense du camp retranché : le groupe des divisions de réserve Ebener était amené dans l'intérieur de nos lignes, une division dans la région de Mesnil-Amelot, l'autre division en réserve générale. Le général Ebener, disposant encore de la 92ᵉ division territoriale, prenait le commandement de l'intervalle nord-est. Rien n'était changé dans les autres régions, sauf que les 2 commandants des régions Nord et Sud devaient redoubler de surveillance sur la rive droite de l'Oise et au Sud, en raison de la présence d'un gros de cavalerie allemande signalé du côté de Beauvais avec des patrouilles de uhlans non loin de Pontoise, et du repliement du corps de cavalerie Sordet, rappelé au sud, vers la Marne, par le G. Q. G.

Enfin, les travaux du Camp retranché devaient continuer à être poussés avec la plus grande activité possible.

Toutes les lignes télégraphiques et téléphoniques nécessaires étaient établies à mon quartier général du lycée Duruy, d'où j'exerçais le commandement, tant sur l'armée mobile de Paris, que sur toutes les troupes et tous les services du Camp retranché.

A 22 heures, toutes les dispositions précédentes étant déjà prises, puisque mon ordre général nᵒ 5 était daté de 20 h. 30, le G. Q. G. informait que l'offensive générale était décidée pour le 6 au matin (1).

(1) Dans le fameux ordre du jour par lequel le général Joffre prit « l'initiative » de déclancher la victoire de la Marne, et dont

La 5e armée devait attaquer vers le nord, sur le front Courtacon-Sézanne; l'armée anglaise, dans la direction de l'Est sur le front Coulommiers-Changis. L'armée de Paris, enfin, conformément à ma demande instante, « orientera ses colonnes en se maintenant sur la rive nord de la Marne, de manière à'atteindre environ le méridien de Meaux ».

En somme, vers minuit, quand j'allai prendre quelques heures de repos, j'éprouvais une certaine satisfaction à penser que le plan d'opérations, élaboré dans la matinée, en ce qui concernait l'armée de Paris et l'armée anglaise, allait s'exécuter d'un complet accord entre tous. Entre la note du 2 septembre, ordonnant le repliement au sud de la Seine, et les dispositions d'offensive prescrites au nord de la Marne, la marge était grande, mais les résultats de ce changement d'orientation n'allaient pas tarder à se faire sentir. La bataille de la Marne sortait de cette journée du 4 septembre.

la date et l'heure exactes devraient lui permettre de revendiquer cette initiative aux yeux de l'Histoire ; or, l'original de cet ordre, écrit tout entier de la main du chef du 3e Bureau du G.Q.G. et signé Joffre porte trois dates différentes surchargées !!!

CHAPITRE V

Le 5 septembre, levé à la première heure, je recevais de suite communication des nouvelles de la nuit. Il en résultait que les éléments destinés à prendre part à la bataille qui allait s'engager sur l'Ourcq et sur la Marne inférieure, armée de Paris, armée anglaise, 5e armée, étaient bien tous d'accord pour mettre à exécution le nouveau programme, arrêté dans la soirée du 4 septembre. Un seul doute subsistait encore : arriverions-nous à temps pour attaquer nos adversaires dans leur marche vers le sud et pour contrecarrer leurs projets de débordement de l'aile gauche française ?

En ce qui concernait les dispositions prises par l'armée de Paris pour participer à cette opération, la situation était très nette :

Les forces territoriales du Camp retranché étaient laissées à la garde de la Capitale et occupaient les emplacements déjà décrits :

83e Division : Noyau central.

85e Division : Région Est.

89ᵉ Division : Région Ouest.

92ᵉ Division : Région Nord.

185ᵉ Brigade : Intervalle Sud.

166ᵉ Brigade : Intervalle Nord.

La 62ᵉ division de réserve tenait toujours la région de Pontoise et les deux rives de l'Oise ; la 61ᵉ division de réserve occupait la région au sud de Luzarches, entre les deux routes de Paris à Senlis et à Beauvais.

Les troupes d'artillerie du Camp retranché, environ 8.000 hommes, en outre des artilleries divisionnaires et des trois groupes de sortie, s'occupaient activement à l'armement des forts ainsi que des batteries construites dans l'intervalle et en avant de ces forts. Sous la direction du colonel Péchot, ce même service assurait l'établissement de la plate-forme et de la pose de la voie étroite destinée à relier les magasins des secteurs avec les divers ouvrages. Nos officiers d'artillerie territoriale, dont beaucoup étaient ingénieurs civils, anciens élèves de nos grandes écoles du Gouvernement, travaillaient avec une intelligence et un dévouement remarquables à la mise en état de défense des zones qui leur étaient affectées. Déjà la situation critique des jours précédents commençait à s'améliorer et, sous peu, nos batteries seraient complètement armées et approvisionnées, tandis qu'on développait l'ensemble des tranchées, ouvrages d'infanterie, abris, réseaux de fils de fer, abatis, qui allaient bientôt constituer autour de Paris une ligne infranchissable pour nos adversaires.

Les troupes du génie, environ 2.000 hommes, plus

6.500 réservistes de l'armée territoriale (ou R. A. T.), prenaient également une part active à tous ces travaux. En outre, pour hâter encore l'achèvement de toutes ces mesures de défense, j'avais prescrit d'enrôler un certain nombre d'ouvriers civils, terrassiers de profession, qui nous apportaient un concours des plus utiles. On peut dire que, pendant ces journées de septembre, tout le Camp retranché était transformé en un vaste chantier, limité par les points suivants : Pontoise, Ecouen, Lagny, Brunoy, Longjumeau, Trappes, Poissy.

La 45° division algérienne étant en route pour rejoindre la 6° armée, c'était la brigade de fusiliers marins, renforcée par une brigade provisoire de zouaves tirée du dépôt de Saint-Denis, qui constituait la réserve générale du Camp retranché. Elle était cantonnée, prête à prendre immédiatement les armes, au nord du Bourget, à Dugny.

Quant à l'armée mobile, elle comprenait, à cette date du 5 septembre : les 55° et 56° divisions de réserve, formant le groupe du général de Lamaze ; le 7° corps, sous les ordres du général Vauthier, dont une division était remplacée par la 63° division de réserve ; la brigade marocaine ; enfin, la 45° division algérienne, général Drude, qui venait d'être placée la veille sous les ordres du général Maunoury. Je ne parle pas des 61° et 62° divisions de réserve, formant le groupe du général Ebener, puisqu'elles étaient encore réservées pour couvrir le Camp retranché dans la direction nord, des troupes allemandes étant

toujours signalées vers Beauvais et sur les deux rives
de l'Oise, mais je comptais bien utiliser ces deux divisions plus activement, dès que les circonstances le
permettraient et, déjà, j'avais poussé la 62° division
vers l'est, au nord de Moisselles et Mesnil-Aubry.

Quant au corps de cavalerie Sordet, suivant les
ordres du Général commandant en chef, il « s'était
replié au sud de la Seine et avait cessé d'appartenir
à la 6° armée » pour lui être rattaché à nouveau par
l'ordre du 5 septembre. Ce mouvement inopportun,
outre qu'il avait découvert tout le front ouest du
Camp retranché, n'avait permis au général Sordet de
rejoindre la 6° armée que le 7, dans la région de
Nanteuil-le-Haudouin.

J'avais placé cette armée mobile sous les ordres
du général Maunoury, toujours à la tête d'ailleurs
de la 6° armée. J'avais déjà eu le général Maunoury
sous mes ordres, alors qu'il commandait le 15° corps
et que j'étais chargé de l'inspection de l'Armée des
Alpes. Le général Maunoury était un chef vigoureux
et capable, dans lequel je pouvais avoir toute confiance. C'était à lui qu'allaient échoir l'honneur et la
responsabilité de conduire la bataille de l'Ourcq.
Il sut, dans ces rudes journées, déployer ces qualités
d'énergie, de décision et de sang-froid qui laisseront
de lui la réputation d'un grand chef militaire. Pour
moi qui ne pouvais, tout en conservant la haute main
sur notre armée mobile, abandonner le gouvernement militaire de la Capitale, avec ses 2 500 000 habitants, et où tant d'intérêts si élevés étaient encore

en jeu, je devais, ainsi que je l'avais fait les jours
précédents, mettre toute mon activité à renforcer
cette armée mobile par les moyens les plus rapides
et à l'aide de tous les renforts que j'avais demandés
avec tant d'insistance, ainsi que de toutes les ressources matérielles dont je pouvais disposer.

C'est ainsi que je quittai mon quartier général
à 14 heures pour me rendre à Asnières, où venait
de débarquer la 8e division du 4e corps, sous les
ordres du général de Lartigue. La jolie petite ville
était complètement envahie par nos soldats cantonnés
dans les maisons et les villas, tandis que l'artillerie,
la cavalerie et les convois étaient parqués sur les
places publiques et dans les avenues. La gravité de
la situation était alors connue de tous et l'apparition
de nos régiments donnait la preuve que le Gouvernement et le haut commandement se préoccupaient
de concentrer dans Paris les troupes nécessaires pour
sa défense. Aussi, fus-je l'objet de la sympathie
démonstrative des habitants d'Asnières, quand, descendant de mon automobile, je traversai la foule
qui remplissait la place et débordait sur le perron qui
conduisait à la mairie où le quartier général de la
8e division était installé.

Le 4e corps venait de la région de Verdun et avait
été fortement éprouvé dans les combats qui avaient
eu lieu sur cette partie de notre frontière. C'est ainsi
que le général de Lartigue me rendait compte que sa
division avait subi de grosses pertes en cadres,
surtout en officiers ; notamment le général Chabrol,

l'un de mes anciens officiers du Tonkin, avait été tué ; que la plupart des compagnies, composées exclusivement de réservistes, ne possédaient plus qu'un seul officier, lieutenant ou sous-lieutenant ; qu'elle avait perdu un matériel important et qu'elle n'avait ni outillage, ni fils de fer, ni sacs à terre pour l'organisation des positions défensives. Je faisais prendre note de toutes ces lacunes et l'un de mes officiers rentrait immédiatement à Paris pour faire diriger sur Asnières tout le matériel demandé. Quoi qu'il en soit, il résultait des déclarations du général de Lartigue que sa division était hors d'état de marcher avant quelques jours. Je le prévins que les circonstances étaient d'une telle urgence que les divers éléments de la 8e division devaient se tenir prêts à prendre, dès le lendemain, la direction de l'est pour aller se joindre à l'armée du général Maunoury. Avant de quitter Asnières, j'allai inspecter la brigade du général Desvaux, qui avait été plus particulièrement éprouvée. Malgré tout, les hommes présentaient un aspect militaire qui, malgré leur état de fatigue, pouvait inspirer confiance. Mais les cadres faisaient défaut et la plupart des compagnies me furent présentées par des lieutenants ou sous-lieutenants, quelques-unes même par des adjudants et sergents-majors.

D'Asnières, je me rendis à Pontoise pour revoir le général Ebener qui y avait toujours son quartier général ; il tenait la région et les deux rives de l'Oise avec la 62e division, tandis que la 61e couvrait la région nord du Camp retranché. J'ai déjà dit que ces

deux divisions, particulièrement celle du général
Ganeval, avaient subi de grosses pertes. Aussi le
général Ebener employait-il ces quelques jours de
répit à reconstituer ces unités. Il va sans dire que je
mettais à sa disposition toutes les ressources en
personnel et matériel dont le camp retranché pouvait disposer. Je le prévins d'ailleurs qu'il devait se
tenir prêt à marcher d'un moment à l'autre pour
aller renforcer l'armée de l'Ourcq. En attendant,
je lui renouvelai mes instructions pour l'accomplissement de la mission de protection dont je l'avais
chargé.

En somme, dans cette journée du 5 septembre, la
situation militaire se présentait comme suit, en ce
qui concernait les armées qui formaient l'aile gauche
des forces françaises et anglaises, dont le front
s'étendait, à ce moment, depuis le Camp retranché de Paris jusqu'aux Vosges, en passant au
nord de Verdun et de Nancy et à l'est d'Epinal et de
Belfort :

L'armée anglaise avait son front parallèle à la
route de Lagny à Provins, couvert par la forêt de
Crécy et était relié par sa cavalerie à la 5e armée,
commandée alors par le général Franchet d'Espérey
et s'étendant de la forêt de Jouy par Villiers-Saint-
Georges et les Essarts à Sézanne. Elle était face à
son objectif Coulommiers-Changis mais craignait
toujours pour ses deux ailes, notamment pour son
aile gauche, malgré la proximité du Camp retranché
de Paris.

La 5ᵉ armée avait pour objectif la ligne Courtacon-Sézanne.

Quant à la 6ᵉ armée, à 16 heures, les mouvements prévus par l'ordre d'opérations du 4 septembre (1) étaient en cours d'exécution. Les avant-gardes du groupe de divisions de réserve occupaient Penchard, Monthyon et Saint-Soupplet. Le 7ᵉ corps occupait également, par ses avant-gardes, Lessart, Ève et Ver. Aucun ennemi n'était encore signalé sur le front. L'une de nos reconnaissances avait échangé des coups de fusils aux alentours de Senlis. Le général Maunoury devait, le 6, continuer sa marche vers l'Ourcq couvert par le IVᵉ corps de réserve allemand qui, sur la rive droite de cette rivière, tenait le front Meaux-Crouy. Les autres corps d'armée de von Klück continuaient leur marche de Faremoutiers à Esternay, trois corps en 1ʳᵉ ligne, le 9ᵉ corps en retrait, sa tête à l'ouest de Montmirail. Toute cette armée avait visiblement pour objectif la 5ᵉ armée dont elle essayait de déborder l'aile gauche, opération qu'elle n'avait cessé de tenter depuis la bataille de Charleroi et que le général Lanrezac avait toujours déjouée.

Les nouvelles en général continuaient d'ailleurs à être peu favorables pour nous. La place de Reims venait de se rendre aux Allemands avec sa garnison et son matériel. D'autre part, Maubeuge était vigoureusement bombardé et on s'attendait sous peu à

_____

(1) Voir Documents, page 225.

sa chute, qui allait rendre disponible un corps d'armée ennemi environ.

Dans ces journées des 4 et 5 septembre, se place un incident qui devait, par ses suites, me montrer que, malgré la situation grave que traversait notre pays, la politique et les questions de personnes ne perdaient pas leurs droits. Pour un homme qui n'avait jamais vu, dans tous ses commandements coloniaux et qui, actuellement, ne voyait que le salut de la Patrie et la recherche des moyens et des ressources pour y arriver, qui s'inspirait toujours des grands exemples donnés par nos conventionnels et, plus près de nous, par Gambetta et ses collaborateurs, ce fut une surprise. Voici d'ailleurs le fait :

M. Doumer m'écrit (1) pour se mettre à ma disposition et me débarrasser des questions d'ordre civil qui dépendaient du Gouverneur et pouvaient le détourner de ses préoccupations militaires qui primaient tout à ce moment : les mesures relatives à la police et à la sécurité de la Capitale, ainsi qu'au ravitaillement d'une population de près de deux millions cinq cent mille habitants, les relations avec le préfet de la Seine et le préfet de police, les multiples prescriptions concernant la circulation dans et hors Paris, la délivrance des laissez-passer, la surveillance des étrangers et des gens suspects, l'organisation d'un vaste service de sûreté et de contre-espionnage dans tout le Camp retranché de Paris. Tout cela

(1) Voir Documents, pages 229, 230, 231.

constituait une énorme charge dont j'aurais bien
voulu débarrasser mon État-Major. De même que
dans mes grands commandements coloniaux, pendant
mon gouvernement général de Madagascar notamment, j'avais eu toujours auprès de moi deux états-
majors, l'un militaire, s'occupant des questions
purement militaires, l'autre civil, avec un secrétaire
général, de même le gouvernement militaire de Paris
devait fonctionner dans de meilleures conditions
s'il était organisé d'après ces principes. J'acceptai
donc avec empressement l'offre de M. Doumer. Je le
connaissais peu, ne l'ayant vu que quatre ou cinq fois
au plus, alors qu'il occupait les fonctions de président de la Chambre et de membre de commissions
d'Études de la Chambre et du Sénat. Je savais seulement que M. Doumer était un homme de travail,
de décision et de savoir, et que j'aurais en lui un
collaborateur de tout premier ordre. Toutefois, avant
de prendre une décision, je téléphonai à M. Millerand,
ministre de la Guerre, à Bordeaux, pour savoir s'il ne
voyait aucun inconvénient à ce que j'utilise les services de M. Doumer. La réponse ayant été affirma-
tive, je donnai immédiatement mes instructions à ce
dernier qui me prouva de suite, par la manière rapide
dont il organisa son service et ses bureaux, ses hautes
qualités d'organisation et d'administration. Je recon-
naissais là la manière coloniale, où il faut toujours
agir vite et sans s'attarder aux préliminaires.

Les « Affaires civiles » du gouvernement militaire
de Paris étaient ainsi réparties en trois bureaux :

1er BUREAU. — Sécurité intérieure de la Ville de Paris.

Police municipale.

Sécurité des communes du Camp retranché.

Circulation.

Rapports avec la préfecture de police.

2º BUREAU. — Ravitaillement.

Secours aux blessés.

Rapports avec les services militaires pour les questions intéressant la population civile.

Rapports avec les ministères.

Rapports avec la préfecture de la Seine.

3º BUREAU. — Renseignements politiques et militaires.

Rapports avec les ambassades, légations et consulats.

Communiqués à la presse.

Contrôle des journaux.

M. Doumer s'adjoignit d'ailleurs des collaborateurs rompus au travail et aux affaires et désireux, comme lui, d'apporter tout leur concours à l'œuvre de la défense nationale, dans les circonstances graves que nous traversions.

C'étaient : MM. André Lichtenberger, d'une famille strasbourgeoise, qui avait déjà rempli de nombreuses missions à l'étranger et qui s'occupait surtout des Alsaciens-Lorrains, Polonais, Tchèques, étrangers des pays neutres, en très grand nombre à Paris ; Tirman, maître des requêtes au Conseil d'État, ancien directeur du Cabinet de plusieurs ministres et qui

devait prendre la charge des questions de ravitaillement et d'approvisionnement (charbons, sucre, etc.),
du projet de rationnement de la population, questions
douanières et de transport ; Courtois de Maleville,
maître des requêtes au Conseil d'État, à qui incombaient les questions suivantes : ravitaillement en pain,
envois de lainages aux armées, service de santé,
réquisition des automobiles, recrutement des ouvriers
pour les travaux du Camp retranché, évacuation des
réfugiés, etc. ; Gron, chef de bureau au ministère
du Travail, chargé de la correspondance générale et
des rapports à Paris avec les représentants des ministères ; Dubreuil, receveur-percepteur des Finances,
chargé des affaires financières et commerciales ; Noël,
auditeur au Conseil d'État, collaborateur direct des
précédents ; Suricaud, fonctionnaire du ministère des
Finances, également adjoint aux trois chefs de
bureaux ; Laurent, maître des requêtes au Conseil
d'État, chargé du service de liaison avec les deux
intendances du Camp retranché et le bureau des
transports de l'état-major au ministère de la Guerre
et, en général, des questions concernant l'approvisionnement, les secours, l'aide aux sociétés de bien-
faisance et aux réfugiés.

J'avais convoqué M. Doumer au Quartier Général
à 10 heures du matin. J'avais mis une automobile
à sa disposition et, à midi, la direction des affaires
civiles était déjà installée et en plein fonctionnement. Je m'étais d'ailleurs entendu de suite avec
mon nouveau collaborateur, sur le principe qui devait

guider le nouveau service : arriver à des solutions promptes des multiples affaires qui se présentaient chaque jour et faire le minimum de paperasserie ; établir une liaison constante et rapide avec les diverses administrations dépendant de l'État, du gouvernement militaire et des préfectures, de manière à se tenir mutuellement au courant des affaires à traiter, et à les résoudre, si possible, séance tenante.

Ce nouveau service s'était mis, je le répète, immédiatement à l'ouvrage, lorsque, ce même jour, vers deux heures de l'après-midi, je reçus un message du Président du Conseil me disant que, le Conseil des Ministres en ayant délibéré, il ne pouvait m'autoriser à faire droit à la demande de M. Doumer. J'aurais commis une mauvaise action vis-à-vis de ce dernier, si je n'avais aussitôt protesté contre cette injonction contraire aux déclarations verbales et écrites du ministre de la Guerre, alors que j'avais été laissé seul à Paris, en l'absence du Gouvernement, pour diriger et assurer tous les services placés sous ma responsabilité. Par téléphone, je fis répondre à Bordeaux qu'il m'était impossible de revenir sur la décision que j'avais prise, que c'était sur l'autorisation qui m'en avait été donnée par M. Millerand, mon chef direct, que j'avais accepté la collaboration de M. Doumer, que le service nouveau était déjà en plein fonctionnement, et que sa suppression me gênerait considérablement au moment où je venais de réorganiser l'armée de Paris et d'ordonner son mouvement vers l'Ourcq contre les troupes du général von Klück. Ma protestation fut entendue, car je ne reçus aucune réponse et les choses restèrent en l'état.

Ce n'est que le 13 décembre, au moment du retour du Gouvernement à Paris, que la direction des Affaires civiles fut supprimée, la plupart des affaires dont elle avait à s'occuper retournant aux différents ministères auxquels elles étaient rattachées précédemment. Je ne saurais trop me louer ici de la précieuse et dévouée collaboration que j'ai toujours trouvée chez M. Doumer et ses bureaux qui se sont attachés, suivant le principe posé à l'origine, à me débarrasser des questions qui pouvaient gêner et troubler mes préoccupations d'ordre militaire. Je conservais la haute main sur tous ces services, mais je n'avais jamais à m'occuper de leurs détails et, ce qui correspondait surtout à ma méthode de commandement, c'est que M. Doumer m'apportait toujours la solution de l'affaire en même temps que la connaissance de son existence. Et, je puis ajouter ici, pour faire taire les scrupules des hommes qui m'avaient vu avec quelque répugnance utiliser les hautes capacités et la bonne volonté de M. Doumer, à un moment où il y avait quelque mérite à rester dans Paris, menacé d'investissement, qu'il n'a jamais été question de politique entre nous. L'ancien Président de la Chambre m'a apporté sa collaboration la plus dévouée et la plus énergique dans toutes les questions intéressant la mise en état de défense et l'organisation du Camp retranché. C'est lui notamment qui m'a permis, à un moment où la garnison avait été réduite à 3 divisions incomplètes, et lorsque les lignes ennemies se trouvaient encore à 80 kilomètres de Paris, d'établir notre champ de bataille du Nord, de l'Epte à l'Ourcq, en entrant en relations avec les syndicats d'ouvriers de la capitale et en me procurant les 15.000 travailleurs nécessaires pour mener activement cette tâche. Bref, pendant cette période, toute de travail et d'activité, consacrée à la mise en état de défense du Camp retranché, au ravitaillement de sa population nombreuse, à la mise en train des fabriques, usines, ateliers, destinés à nous fournir les munitions, l'habillement, l'équipement, les vivres nécessaires à nos armées en campagne, il n'est pas une mesure pour laquelle M. Doumer ne m'ait apporté de suite le concours le plus entier, le plus intelligent et le plus efficace.

Et cependant, longtemps encore après la suppression de la direction des Affaires civiles, la désignation de M. Doumer, dans certains milieux parlementaires ou de presse, m'a été reprochée ou a été interprétée comme une manœuvre politique. De nombreuses personnes, me prêtant leurs propres idées, estimaient que j'avais eu tort d'avoir recours à un homme connu par ses antécédents politiques que je n'avais pas à apprécier. D'ailleurs, pour bien montrer combien toute idée de ce genre était loin de ma pensée et pour bien accentuer mon éclectisme en fait de politique, comme celui de M. Doumer également, je dirai qu'il prit comme collaborateurs, à un moment donné, des hommes comme M. Denys Cochin, ou encore M. Groussier et que, moi-même, j'entrais en relations avec les représentants les plus avérés des idées avancées, comme M.ᵉ Hervé, directeur de *la Guerre Sociale*, et Renaudel, directeur de *l'Humanité*. Je n'ai jamais pensé voir en eux que des collaborateurs pour l'œuvre commune.

CHAPITRE VI

Le 6 septembre, l'armée de Paris, suivant le programme du 4, avait vigoureusement pris à partie le IVᵉ corps de réserve allemand, et la surprise du général von Klück n'avait pas dû être médiocre de se voir attaquer aussi rapidement et aussi énergiquement sur son flanc droit et de voir même menacer ses communications. Tout son plan d'opérations ayant pour objet d'obtenir enfin le débordement de l'aile gauche de nos armées, qu'il poursuivait depuis le franchissement de notre frontière, allait être gravement compromis. Il avait cru bon de négliger le Camp retranché de Paris et les forces, d'ailleurs ignorées par lui, qui venaient d'être lancées contre son flanc. Sa présomption devait être cruellement punie.

Ainsi que je l'ai déjà exposé plus haut, au moment où elle se mettait en marche vers l'Est, l'armée de Paris ne comprenait encore que le 7ᵉ corps (général Vauthier) composé lui-même de la 14ᵉ division active, de la 63ᵉ division de réserve, du 352ᵉ régiment d'infanterie, des 45ᵉ et 55ᵉ bataillons de chasseurs, d'un groupe de chasseurs alpins (47e, 63e, 64e et 67e) et du 5e régiment d'artillerie de corps ; le groupe des 2 divisions de réserve du général de Lamaze, 55e et 56e divisions, et la brigade marocaine. Dès le 4 septembre, je lui avais adjoint la 45e division algérienne. Le corps de cavalerie Sordet était à nouveau rattaché à la 6e armée, qu'il ne rejoignait cependant que le 7 dans la région de Nanteuil-le-Haudouin.

Le 4e corps, on l'a vu, venait seulement de commencer ses débarquements dans la journée du 4, mais ses divisions étaient très éprouvées et avaient un impérieux besoin de repos.

Du moment où a été lancé mon premier ordre du 4 septembre à 9 heures du matin, prescrivant à notre armée de Paris, renforcée et réorganisée, de prendre la direction de l'est pour intervenir immédiatement contre l'armée de von Klück, j'aurai constamment à tâche, dans les journées qui vont suivre, d'étayer par tous les moyens possibles l'offensive de cette armée. Les effectifs disponibles, dès leur débarquement et leur arrivée, seront transportés successivement à pied d'œuvre et avec une rapidité inattendue, grâce aux moyens de transports spéciaux dont nous pouvions disposer dans la Capitale. De plus, cette armée sera renforcée en hommes et en matériel de tout ce que présente d'utilisable le Camp retranché.

Dès le 4 septembre, des ordres avaient été donnés pour adjoindre à l'armée mobile, en la munissant « de trains de combat et de tous les moyens lui permettant de faire campagne en dehors d'une place de guerre »,

toute la cavalerie disponible du Camp retranché (1).
J'ajoutai un équipage de ponts ainsi qu'une compagnie du génie. Le 5, je donnai l'ordre au général Ebener de diriger vers le Nord-Est, vers Attainville, Marcil-en-France, l'une de ses divisions « la mieux en état de marcher ». La 61e division prendra part ainsi aux opérations dès le 7 ; la 62e suivra le 9 septembre, dès que tout danger aura été écarté de notre front nord. Enfin, une brigade de spahis, demandée pour participer à la police dans Paris, débarquée le 10, sera mise immédiatement à la disposition du général Maunoury. Et on remarquera que tous ces éléments sont toujours poussés vers le Nord, de manière à menacer les communications de la Ire armée allemande.

D'après le plan d'offensive qui avait été définitivement arrêté dans la nuit du 4 au 5, toute la 6e armée devait agir le 5 au soir au nord-est de Meaux, prête à franchir l'Ourcq, entre Lizy-sur-Ourcq et May-en-Multien, dans la direction générale de Château-Thierry ; l'armée anglaise, établie sur le front Coulommiers-Changis, prête à attaquer dans la direction générale de Montmirail.

Ainsi, semblait-il évident que, moyennant le concours immédiat de l'armée anglaise, prolongeant au sud de la Marne le front de la 6e armée et refoulant vers l'est les forces parvenues en avant d'elle, le général Maunoury réussirait, dès les premiers combats, à

(1) Voir Documents, page 220.

franchir le fossé de l'Ourcq et à poursuivre l'enveloppement de la Ire armée allemande.

Il n'a pas dépendu de l'armée de Paris que cette manœuvre ne fût ponctuellement réalisée. Partie le 5 septembre au matin de Dammartin, comme centre, le 7e corps au nord vers Othis, dans les directions Eve et Ver, les divisions de réserve au sud, de Saint-Mard à Saint-Mesmes, direction de Saint-Soupplets, la 45e division en arrière, en réserve, elle repoussait le soir même une première attaque sur Iverny. D'après un télégramme chiffré du général Maunoury « la 6e armée reprenait l'offensive le 6 au matin, enlevait Saint-Soupplets et Monthyon au petit jour, arrivait à 9 heures » suivant le plan convenu « à la hauteur de Meaux sur la ligne Chambry, Barcy, Gesvres, Forfry, Oissery ».

Mais, déjà, le général Maunoury « rencontrait une résistance sérieuse et pensait avoir devant lui tout le IVe corps de réserve ». Il signalait, en outre, que « deux colonnes ennemies, chacune d'une division, remontaient du sud et atteignaient la Marne vers Varreddes et Lizy à 9 heures ».

Ce renseignement était d'une importance capitale, car il démontrait que le général von Klück, voyant son IVe corps de réserve pressé par notre armée de Paris, et craignant pour son flanc et ses communications, était déjà forcé de faire appel au gros de ses forces, chargé de la mission de débordement de l'aile gauche des armées françaises, pour protéger son flanc et ses derrières. L'effet poursuivi par l'armée de Paris

en prenant l'offensive vers l'Est dès le 4 au soir était
ainsi obtenu. La marche de ces deux colonnes allemandes, en réalité le IIe corps d'armée poméranien,
vers le nord, *était le commencement de la retraite des
armées allemandes, c'est-à-dire l'arrêt de l'offensive allemande et de l'invasion de notre pays.*

Mais ce mouvement présentait le grave inconvénient d'exposer l'armée Maunoury à voir se retourner
contre elle les éléments qui menaçaient l'armée
anglaise. Je signalai de suite ce danger au Général
en chef, danger qui apparaissait dans toute sa gravité,
si l'on considérait quelles étaient, à ce moment, la
situation et la marche de l'armée britannique.

Le mouvement exécuté par l'armée anglaise dans
la nuit du 4 au 5 septembre et dont l'ordre avait été
malheureusement donné, comme on l'a vu, malgré
l'insistance que j'avais mise à demander sa collaboration pour notre plan d'offensive, avait pour résultat
de l'éloigner à la fois de l'armée Maunoury et de la
5e armée. Le 5 au matin, la mission française au
quartier général anglais avait fait connaître que
« dans ces conditions, il n'est pas possible à l'armée
anglaise d'occuper demain 6, en temps voulu, la ligne
Coulommiers-Changis qui lui a été fixée ».

Le message (1) du colonel Huguet annonce qu'« elle
va s'en rapprocher autant que possible et sera, à cet
effet, disposée demain 6 sur la ligne générale suivante : 1er corps, de Pézarches (nord de Rozoy) à

(1) Voir Documents, page 232.

Courpalay (sud de Rozoy) ; 11ᵉ corps en échelon à gauche, de Tigeaux à la Houssaye ; 4ᵉ division en échelon à gauche, à Bailly-Romainvilliers ».

Cette manœuvre avait pour résultat de placer l'armée anglaise face à l'Est, mais, d'une part très en arrière, d'autre part très en deçà de la ligne primitivement fixée. Elle laissait tout le temps au IIᵉ corps allemand, parvenu le 5 jusqu'à Coulommiers, de prendre la direction du nord et de franchir la Marne sans être inquiété.

Au moins, était-il temps encore de reprendre vigoureusement l'offensive pour coopérer au mouvement de la 6ᵉ armée vers l'Est et pour détourner de celle-ci les nouvelles forces qui reprenaient la route du Nord. Par un télégramme (1) envoyé ce même jour au maréchal French, je le « priais instamment de bien vouloir porter son armée en avant, conformément aux directives du général Joffre ».

Le Général en chef, de son côté, inquiet lui-même de l'inaction de nos alliés, approuve la promesse que je leur avais faite de couvrir leur gauche par une division pour assurer leur liaison immédiate avec la 6ᵉ armée et, dans un télégramme (2) du 6, insiste sur la nécessité « d'appuyer constamment d'une manière efficace la gauche de l'armée britannique ». C'est pour répondre à cette obligation que la 8ᵉ division, général de Lartigue, celle que j'avais vue la veille à Asnières, est envoyée par marche de nuit au sud de Meaux.

(1) Voir Documents, page 235.
(2) Voir Documents, page 236.

Cette division aura pour objet « de coopérer directement avec l'armée anglaise par la rive droite du
Grand Morin ». Mais cette mesure est contraire à
l'idée générale que je m'étais faite de l'action de
l'armée de Paris qui, à mon sens, devait constamment
s'efforcer d'agir par le nord sur les lignes de communication de l'ennemi. On se rappelle combien j'avais
lutté, dans la journée du 4 septembre, contre l'idée
de porter les forces du Camp retranché au sud de la
Marne. Et, de fait, cet envoi de la 8e division au sud
de la Marne, resta sans résultat. Elle demeura à peu
près inactive et sa présence, d'ailleurs, ne suffit pas
à décider l'offensive immédiate de l'armée anglaise.

C'est que la préoccupation constante du maréchal
French est de rechercher, bien plus encore, un appui
à sa droite. Je télégraphie (1) ce qui suit au Général
en chef : « J'ai l'impression que le Maréchal s'inquiète
surtout de l'intervalle qui existe entre lui et la
5e armée. » C'est pour se rapprocher, en effet, de
l'armée du général Franchet d'Espérey (ligne Cour-
champ-Valliers-Saint-Georges) que le Maréchal, dans
la journée du 5, étend à ce point sa droite vers le sud,
jusqu'au-dessous de Rozoy. Sa cavalerie, en même
temps, recherche la liaison avec le corps de cavalerie
Conneau « chargé de combler l'intervalle entre les
deux armées ». Le 6, l'armée anglaise se redresse
cependant vers le nord, atteint le soir « la ligne du
Grand Morin, de Villiers-sur-Morin par Coulommiers

______

(1) Voir Documents, page 230.

à Marolles-en-Bric », ainsi que je le fais connaître par télégrammes (1) au Général en chef. Mais, dès ce moment, elle surveillera la marche de la 5ᵉ armée, s'attachera rigoureusement à maintenir sa liaison avec elle et n'avancera qu'à la condition d'être appuyée par elle sur la même ligne (2). Ce n'est plus là de la tactique de notre époque !

Or, la 5ᵉ armée « doit refouler devant elle trois corps d'armée actifs et un corps de réserve » (Rapport du Général en chef). Lorsqu'elle atteint, le 7, la ligne Courtacon-Cerneux-Esternay, sa marche devient d'autant plus pénible qu'elle est « en butte à une attaque des plus violentes sur sa droite ». (Rapport du Général en chef.) L'armée anglaise, au contraire, d'après un télégramme du général Maunoury, « n'a que peu de chose devant elle, probablement le IVᵉ corps allemand vers Rebais ». Cependant, les deux armées vont marcher sur le même front.

On s'explique ainsi que l'armée anglaise, sans avoir à soutenir aucun combat sérieux, ait mis deux jours et demi à franchir les 20 kilomètres qui séparent le Grand Morin de la Marne, où elle ne débouchera que le 9 septembre à 12 heures.

La conclusion fut celle qui avait été prévue par le général Maunoury. L'armée anglaise avait, de nouveau, laissé le champ libre à un corps d'armée alle-

(1) Voir Documents, page 237.
(2) Voir Documents, pages 238, 239, 240, 241 (correspondance avec maréchal French).

mand, le IVe corps actif, qui, traversant la Marne le 8 septembre, venait se heurter le même jour à l'armée de Paris. Malgré tout, le résultat cherché était obtenu: la Ire armée allemande était forcée de renoncer à l'objectif qu'elle s'était donné, à savoir l'enveloppement de l'aile gauche de la 5e armée et, pour conjurer le danger qu'elle courait sur son flanc droit, de ramener peu à peu ses corps du sud vers le nord. Elle déchargeait l'armée anglaise et la 5e armée qui, interrompant leur retraite derrière la Seine, commençaient à se porter en avant et à prendre à leur tour l'offensive contre un adversaire qui n'avait connu que le succès depuis son entrée sur notre territoire.

En résumé, dans la journée du 6 septembre, l'offensive vers l'Ourcq, entamée dès le 4 septembre au soir et continuée le 5, se poursuivait vigoureusement suivant le plan arrêté.

Les télégrammes du général Maunoury rendaient compte successivement que « dans la matinée du 6, le général Maunoury est sérieusement engagé contre le IVe corps de réserve, renforcé par de l'artillerie lourde, dont les batteries sont établies en avant de Varreddes, de Lizy et de May-en-Multien » et qu'à partir de 10 heures, notre gauche se heurtait au IIe corps actif « qui tente de tourner notre 7e corps vers Étavigny ». Mais « l'ennemi est refoulé sur tout le front. Nous ne sommes plus, en fin de journée, qu'à 10 kilomètres de l'Ourcq, sur la ligne Chambry-Marcilly-Puisieux-Acy-en-Multien ».

Je suis obligé de passer toute cette journée du 6 dans le Camp retranché, d'abord pour hâter les mouvements des diverses unités du 4ᵉ corps et du groupe de divisions de réserve Ebener ainsi que des divers éléments, équipage de pont, auto-canons, cavalerie, etc. qui ont déjà été énumérés plus haut, et également pour faire poursuivre, avec toute l'activité nécessaire, particulièrement sur nos fronts nord et est, plus spécialement menacés, les travaux d'armement et d'approvisionnement de nos ouvrages et batteries. Nos ouvriers, militaires comme civils, travaillaient même la nuit, à la lueur des torches. Déjà, les importants ouvrages de l'Orme de Morlu et de Blanc-Mesnil, dans le nord, et le Collégien, d'Emerainville, des Friches, des Mandres et du Bois d'Autel, dans l'est, comprenant des abris bétonnés, commençaient à offrir une résistance dont il aurait fallu tenir compte. D'autre part, l'instruction de nos troupes territoriales, particulièrement en ce qui regardait l'organisation, l'occupation et la défense des ouvrages et des tranchées, était poussée partout avec la plus grande énergie. Nos territoriaux, conscients de la grosse partie qui se jouait sur l'Ourcq et du danger que courait la Capitale, avaient déjà une autre allure que le mois précédent. Quant à la population parisienne, elle continuait à avoir une excellente attitude. Je parle, bien entendu, de celle qui attendait à Paris les événements avec confiance et non de la foule qui, impressionnée par les nouvelles des jours derniers et par le bruit du canon, qu'on entendait de la banlieue, assiégeait les gares et les portes de la ville pour gagner la province. Un fait typique : notre service de santé, le 2 septembre, comptait 25.000 lits dans les hôpitaux fournis par les Sociétés de secours. Le 3 septembre ces hôpitaux ne comptaient plus que 15.000 lits. Directeurs, infirmiers, infirmières avaient abandonné leurs formations sanitaires qui, cependant, d'un moment à l'autre, pouvaient se remplir de malades et de blessés.

La journée du 7 septembre est marquée tout d'abord par les mesures prises pour l'envoi des renforts destinés à permettre à l'armée Maunoury de résister à la pression qui allait être exercée contre elle par les corps allemands rendus libres par l'inaction de l'armée anglaise. La 7e division débarque à Paris dans la journée. Elle était commandée par le général de Trentinian, que j'avais eu dix ans auparavant sous mes ordres à Madagascar. C'était un chef énergique, qui, dans toute sa carrière, avait fait preuve des plus belles qualités militaires. Malheureusement, sa division avait été très éprouvée dans sa retraite sur Verdun et les hommes étaient littéralement épuisés et incapables d'aucun effort, lorsqu'ils débarquèrent après plusieurs jours de trajet dans des wagons de marchandises. Cependant, il fallait se remettre en route, car le général Maunoury commençait à être pressé et se trouvait sous une menace de débordement du côté d'Etavigny.

L'armée de Paris avait repris l'offensive dans cette

journée du 7. La 61ᵉ division, transportée par voie
ferrée, venait renforcer la gauche du 7ᵉ corps. Le
général Maunoury continuait à progresser vers
l'Ourcq, malgré la résistance acharnée des deux corps
allemands, s'emparait de la « crête d'Etavigny » et
cherchait lui-même l'enveloppement, comptant, pour
le succès de cette manœuvre, sur une action hardie
du corps de cavalerie Sordet qui parvient à Bargny
à 16 heures et se porte vers Cuvergnon à 3 heures.

Entre temps, pour permettre à la division de Trentinian, malgré son état d'épuisement, de prendre à
son tour la route de l'Est, je donnais l'ordre de réquisitionner tous les taxi-autos nécessaires pour le transport de l'infanterie de la division, l'artillerie et la
cavalerie devant naturellement suivre la route de
terre. Cette opération a laissé un souvenir particulièrement vif chez les Parisiens. Les agents de police
et les gardes républicains, répandus sur les principales voies de la capitale, arrêtaient les taxi-autos,
faisaient descendre les voyageurs, quels qu'ils fussent,
hommes ou femmes, prenaient les numéros des voitures et les dirigeaient sur l'École militaire où
d'autres locaux militaires désignés. Là, ils étaient
réunis par groupes de 100 sous les ordres d'un officier
ou sous-officier du gouvernement militaire et ache-
minés sur Gagny et Noisy-le-Sec, où ils devaient
charger les diverses unités d'infanterie de la division
au fur et à mesure de leur débarquement du chemin
de fer. C'est ainsi que la division tout entière parvient
dans la nuit à Nanteuil-le-Haudouin et, d'après mon

télégramme (1) du 7 au Général en chef, « se trouve disponible dès l'aube pour la reprise des opérations ».

Cependant, les forces dirigées contre la VIe armée grossissent de plus en plus. Je télégraphie au Général en chef : « De gros rassemblements sont signalés sur la rive gauche de l'Ourcq, vers Lizy-sur-Ourcq, Crouy et Montigny-l'Allier ». D'ailleurs, « toutes les routes partant du front de la 5e armée et se dirigeant vers le Nord sont signalées comme parcourues par de longues colonnes en retraite sur la Marne » et, d'après l'ordre général no 7 (2), « la Ire armée allemande tout entière semble se replier devant les efforts des armées alliées ».

Le général en chef prescrit « aux armées de gauche de suivre l'ennemi avec l'ensemble de leurs forces, de manière à conserver toujours la possibilité d'enveloppement de l'aile droite allemande ». « Les forces britanniques chercheront à prendre pied successivement au delà du Petit Morin, du Grand Morin et de la Marne, la Ve armée accentuera le mouvement de son aile gauche » ; quant à l'armée de Paris, elle doit se résoudre à modifier, pour la première fois, son plan d'opérations. Il est trop tard déjà pour qu'elle puisse songer à franchir l'Ourcq droit en avant de son front. Elle poursuivra sa manœuvre d'enveloppement, mais « en gagnant successivement du terrain vers le nord sur la rive droite de l'Ourcq » (Ordre général no 7).

(1) Voir Documents, page 243.
(2) Voir Documents, page 244.

Toutes les mesures possibles, je le répète, étaient prises pour permettre au général Maunoury de remplir sa tâche : les renforts lui étaient expédiés immédiatement par les moyens les plus rapides et, pour ramener la confiance parmi nos alliés et les engager à coopérer à l'offensive de l'armée de Paris, la 8ᵉ division, général de Lartigue, passait sur la rive gauche de la Marne pour assurer la liaison de nos forces avec l'armée britannique. L'exécution de ces mesures et l'inspection de nos travaux du Camp retranché m'avaient retenu à Paris et dans sa banlieue pendant toute la matinée du 7. Mais, à 14 heures, accompagné de mon chef d'état-major et de deux officiers de mon état-major, je pouvais prendre en automobile la grande route de Meaux. La plus grande animation régnait partout et les routes étaient sillonnées de détachements, convois, qui se dirigeaient vers l'Est, pour rejoindre le front. En sens inverse, c'était toujours le misérable défilé des voitures et charrettes, transportant, avec leur pauvre bagage, les malheureux habitants des régions envahies et des localités où se livrait en ce moment l'immense bataille, commencée depuis le 5 septembre.

Je trouvais le général Maunoury à Compans, où il avait établi son quartier général. Il me confirmait les renseignements que je connaissais déjà : la situation se présentait de la manière la plus favorable. Les colonnes allemandes de la Iʳᵉ armée se mettaient toutes en retraite, craignant pour leur flanc et leurs derrières, protégées vers l'ouest, en avant de l'Ourcq,

par une puissante flanc-garde, composée du IVᵉ corps
de réserve et du IIᵉ corps poméranien. Il est probable que ce dernier corps aurait pu être, sinon
détruit, du moins très compromis, si l'armée anglaise
avait marché vigoureusement vers le nord-est. Mais
à mon avis, l'arrivée de ce IIᵉ corps, bien que très
gênante pour l'offensive de l'armée de Paris, constituait un succès considérable, puisqu'elle indiquait
que les Allemands se voyaient enfin forcés de renoncer à leur menace d'enveloppement de l'aile gauche
de nos armées et à la destruction de l'armée britannique, qu'ils comptaient rejeter dans le camp retranché, la coupant ainsi des Français et de ses communications. C'était leur retraite qui commençait.

De Compans, je me dirigeai vers Monthyon, où se
trouvait le poste de commandement du général de
Lamaze et de son groupe de divisions de réserve. Déjà
là canonnade se faisait plus distincte et, très rapidement, nous nous trouvions dans la zone de la lutte.
Notre automobile dut ralentir sa marche, arrêtée par
les nombreux blessés qui, légèrement pansés aux
postes de secours de l'avant, rejoignaient les ambulances établies plus en arrière dans des fermes bordant
la route. La plus grande partie de ces blessés provenait
de la division algérienne et de la brigade marocaine.
Je m'arrêtai à plusieurs reprises pour interroger nos
tirailleurs et je pus constater que la majorité des
blessures étaient assez légères et dues surtout aux
éclats des obus de 150, des « marmites », comme on les
appelait déjà. Le moral de nos soldats musulmans

paraissait d'ailleurs très bon et l'un d'eux me dit :
« Oui, mais 75 y a encore plus mauvais. » En avançant,
nous croisons deux détachements de prisonniers, l'un
d'eux sans escorte et marchant cependant avec la plus
grande discipline. De nombreux convois de munitions
se hâtent vers la ligne de feu et déjà nous
rencontrons des cadavres d'hommes et de chevaux.

Monthyon est situé sur une hauteur, dominant la
boucle de la Marne. La veille, la lutte y avait été
chaude, ainsi que nous pouvions nous en rendre
compte dès notre arrivée. La mare, située à l'entrée
du village, contient de nombreux caissons allemands
dont les munitions ont été jetées dans l'eau, des harnachements, des cadavres de chevaux, des débris de
toute sorte. Un officier d'artillerie nous dit qu'on avait
pu constater, sur ce point, les excellents effets de
notre 75, dont les projectiles, de leurs « coups de
hache » caractéristiques, avaient littéralement fauché
les canonniers allemands. Bref, nos troupes avaient eu
raison de la résistance de l'adversaire et tenaient, en
ce moment, les hauteurs à l'Est d'où elles menaçaient
les villages de Pringy, Penchard, Etrepilly, Varreddes,
énergiquement défendus par l'ennemi. Nous quittons
nos autos à l'entrée du village, les rues étant encombrées par les troupes en réserve, les convois, et nous
nous rendons à pied à la lisière est du village, où je
trouve le général de Lamaze, entouré des officiers
de son état-major. Les obus tombaient à 200 et
300 mètres du poste que nous occupions et c'est là
que je pus me rendre compte, pour la première fois, de

l'impression faite par ces « marmites ». Celles-ci, en
général, éclataient avec une double explosion, la première à quelques mètres du sol, la deuxième en arrivant à terre. Elles dégageaient, en éclatant, une
énorme fumée de couleur noire, violette et orange qui,
on le comprend aisément, devait surprendre les
hommes non encore habitués à ce nouvel engin. Quoi
qu'il en soit, notre artillerie semblait agir avec succès
des positions dominantes qu'elle occupait, et, au moment où je quittais le général de Lamaze, la situation
des 55e et 56e divisions de réserve était bonne, bien
qu'il eût des pertes sérieuses, notamment en officiers.

Je quittai Monthyon vers 16 heures. Je m'arrêtai à
l'une des ambulances, située sur la route, et me dirigeai vers Gagny, où j'avais ordonné la concentration
des taxi-autos destinés à transporter vers le Nord-
Est la plus grande partie de la 7e division d'infanterie.
L'opération s'était parfaitement exécutée : les taxi-
autos étaient réunis dans les principales voies de la
ville, attendant l'arrivée de nos fantassins, pour les
transporter rapidement vers Nanteuil-le-Haudouin,
d'où ils pouvaient être dirigés vers notre aile gauche,
que l'ennemi menaçait de déborder et de tourner. Je
dois dire ici que les chauffeurs de ces taxi-autos, dès
qu'ils avaient connu l'importance de la tâche à laquelle
ils devaient coopérer, avaient fait preuve d'un entrain
tout à fait remarquable. Ils se sentaient fiers du service qui leur était demandé et l'un d'eux, à qui je
demandais s'il n'avait pas peur des obus, me répondit :
« On fera comme les camarades, on ira partout où il

faudra. Mais, si j'avais su, j'aurais emporté des vivres et du pain pour ma course. » Tous les habitants de la ville étaient réunis sur les places, échangeant leurs impressions sur tous ces événements et curieux d'assister à l'arrivée, à l'embarquement et au départ de nos braves soldats. J'aurais bien voulu faire comme eux, mais je devais retourner rapidement à Paris maintenant que toutes les mesures étaient prises pour le transport rapide des renforts, chargés surtout de couvrir l'aile gauche des forces **du** général Maunoury.

La situation n'avait pas cessé d'être grave pour la Capitale et il était toujours essentiel de pousser énergiquement toutes les mesures ayant pour objet la protection du Camp retranché et la concentration des vivres, approvisionnements de toutes sortes que les trains, venant de l'extérieur, déversaient constamment sur les quais de nos gares. Une partie de la nuit fut encore employée par moi à cette importante partie de ma tâche, facilitée par l'intelligente activité de tous mes collaborateurs civils et militaires. Ainsi, tandis que l'armée de Paris combattait courageusement sur l'Ourcq et se renforçait constamment pour résister à la pression que de nouveaux corps allemands allaient exercer contre elle pour couvrir leur flanc et leurs derrières menacés, Paris, confiant dans son armée et dans les chefs qui la commandaient, voyait se former peu à peu, autour de son noyau central et de sa banlieue, une triple ligne de batteries, tranchées, ouvrages bétonnés et cimentés, au delà de la ligne des forts, qui allait bientôt constituer très au loin de la vieille enceinte un rempart infranchissable pour l'ennemi qui voudrait à nouveau l'investir. Et, malgré tous ces spectacles de guerre, malgré la canonnade qui s'entendait au loin, malgré la vue des blessés qui commençaient à être dirigés sur nos hôpitaux, la population de Paris restait calme et résolue, prête à tous les événements et à tous les sacrifices.

CHAPITRE VII

La journée du 8 septembre apportait déjà à l'armée de Paris la récompense des efforts faits pour la constituer, l'organiser et la porter sur le flanc droit des Allemands dans le but essentiel d'enrayer enfin l'offensive de l'adversaire et permettre à nos propres armées d'arrêter leur retraite et de faire tête à l'ennemi. Car, dans la matinée, je recevais du général Joffre une lettre autographe, datée du 7 septembre, dans laquelle il me remerciait du concours donné à l'armée Maunoury pour lui permettre d'accomplir la tâche fixée. La lettre s'exprimait ainsi :

« Mon cher camarade,

« Je tiens à vous remercier bien chaleureusement pour la façon rapide et éminemment efficace dont vous avez mis l'armée du général Maunoury à même de remplir la mission délicate qui lui est confiée.

« Grâce à vous et à tous les moyens que vous avez mis à sa disposition, la 6ᵉ armée manœuvre parfai-

tement et son action contribue très heureusement au
but final que nous nous proposons tous.

« Pour faciliter et rendre plus efficace l'action de
cette armée, il m'a paru nécessaire de lui envoyer
directement mes ordres et mes instructions. Mais je
vous les ferai parvenir en double, afin que vous
sachiez ce qu'elle fait et que vous puissiez lui prêter
votre concours si précieux.

« Je vous serai reconnaissant de ne pas envoyer au
Gouvernement de renseignements relatifs aux opérations. Dans les comptes rendus que je lui envoie,
je ne lui fais jamais connaître le but des opérations
en cours, ni mes intentions ; ou du moins, dans ce que
je lui dis, je lui indique les parties qui doivent rester
secrètes. En agissant autrement, certaines opérations
pourraient parvenir à la connaissance de l'ennemi
en temps utile pour lui. C'est pour cela que je considère comme indispensable que je sois le seul à traiter
ces questions avec le Gouvernement, parce que je
suis le plus à même de juger ce qui peut être dit sans
inconvénient.

« En ce moment, la situation paraît très bonne.
Devant Maunoury, les Anglais et la 5e armée, l'ennemi
recule, mais sans qu'il y ait eu d'action très sérieuse.
Il est probable qu'il cherche à se retrancher. Plus à
l'Est, devant Foch, de Langle et Sarrail, jusqu'à
l'Argonne, des actions plus sérieuses sont engagées.
Nous n'y sommes pas en mauvaise situation. Cette
bataille durera vraisemblablement plusieurs jours.
J'ai bon espoir sur l'issue, mais ce sera dur.

« Veuillez, mon cher camarade, accepter à nouveau l'expression de toute ma reconnaissance et de mes sentiments de fidèle et cordial dévouement.

« JOFFRE. »

Le Général commandant en chef oubliait de mentionner dans cette lettre, si élogieuse et si probante au point de vue de l'intervention de l'armée de Paris dans la bataille de l'Ourcq, que, par sa lettre du 3 septembre (1) (confirmant les avis téléphoniques donnés), par la lettre du ministre de la Guerre du 2 septembre (2), l'armée du général Maunoury avait été placée sous mes ordres pour constituer la garnison et l'armée de Paris, au même titre que les troupes qui s'y trouvaient déjà ; — que j'avais agi à son égard comme un commandant d'armée, et que mon premier soin avait été de la réorganiser et de la renforcer, pour lui permettre de remplir le but que je voulais lui assigner, — que, ce but fixé dans ma pensée le 3 septembre au soir et définitivement arrêté le 4 à 9 heures du matin, j'avais organisé mon commandement en deux groupes, l'un destiné à assurer la défense immédiate du camp retranché de Paris et la continuation des travaux en cours pour faire de Paris une place d'armes digne de ce nom et prête, en cas de besoin, à servir de point d'appui à nos armées ; l'autre, composé de forces mobiles, que j'avais placées sous les ordres du

(1) Voir Documents, page 266.
(2) Voir Documents, page 201.

général Maunoury et que je destinais, soit à livrer
bataille sur le front nord de notre camp retranché, si
Paris était menacé de ce côté, soit à être portées dans
toute direction où ce serait nécessaire ; — que, dès
le 4 septembre à 9 heures du matin, dès que j'avais
pu me rendre compte de l'infléchissement des colonnes
allemandes vers le Sud-Est, et malgré la directive
générale du G. Q. G. qui prescrivait à l'ensemble
de nos armées de gauche de battre en retraite au sud
de la Seine et de l'Yonne, j'avais prescrit à notre
armée de Paris, malgré les appréhensions que je pouvais avoir encore vers le nord, d'entamer, dans la
soirée même, une marche Générale vers l'Est, contre
le flanc droit de la Ire armée allemande ; — que
j'avais aussitôt avisé le généralissime de ce mouvement, et que je m'étais rendu, le même jour, au
G. Q. G. anglais à Melun, pour mettre nos alliés au
courant de notre mouvement offensif et leur demander d'y coopérer en arrêtant leur mouvement de
retraite vers le sud-ouest et en se portant eux-mêmes
en avant contre s corps ennemis que nous allions
nous-mêmes attaquer en flanc ; — que, dès mon
retour, j'avais encore informé le G. Q. G. de l'accord
survenu entre l'état-major britannique et moi, et que
le Général en chef, après avoir insisté à plusieurs
reprises pour que je porte mon action au sud de la
Marne, s'était rallié à ma manière de voir et avait
ordonné l'offensive générale d'après ces principes ; —
que je n'avais cessé, depuis le 4 septembre, d'orienter
toutes les forces mises sous mes ordres vers l'Ourcq

et particulièrement vers le Nord, de manière à agir
constamment contre le flanc droit de l'ennemi et à
menacer ses communications, malgré les avis du
G. Q. G. demandant que les troupes du camp retranché interviennent au sud de la Marne et malgré l'inaction et le recul des Anglais ; — que cette manière de
faire avait obtenu le résultat cherché, à savoir le déga-
gement de l'armée anglaise et de la 5e armée et par
suite l'arrêt de la retraite de nos armées vers le sud,
et cela parce que j'avais négligé les dangers que pouvait encore courir la capitale du fait d'un ennemi
entreprenant et encore aux portes de Paris, mal
défendu à ce moment, pour ne songer qu'à l'intérêt
supérieur du pays et de nos armées ; — enfin, que
j'avais mis tous mes soins et toute mon activité, du
4 au 8 septembre, à expédier, avec le plus de rapidité possible, vers l'Ourcq, tous les renforts dont
je pouvais disposer, y compris ceux indispensa-
bles à la défense du Camp retranché, comme la
brigade de cavalerie du général Gillet ou les trois
groupes d'artillerie de 75 nous servant de réserve
générale.

J'avais donc agi, à l'égard de l'armée du général
Maunoury, comme un général commandant de groupe
d'armées, ainsi que m'y autorisaient d'ailleurs les
termes du décret qui m'avait nommé Gouverneur
militaire de Paris et « Commandant en chef des armées
de Paris » et aussi les lettres mettant à ma disposition,
en outre des troupes territoriales du Camp retranché,
la 6e armée, la 45e division algérienne, le 4e corps

d'armée et la brigade de spahis. Mes ordres d'opérations du 4 septembre et tous ceux qui les avaient suivis étaient d'ailleurs la preuve certaine de l'action exercée par moi sur l'armée de Paris, en ce moment engagée sur la rive droite de l'Ourcq.

Ces réflexions faites, la lettre du général commandant en chef était une précieuse approbation des mesures prises par le Gouverneur militaire de Paris et de la part importante que les forces qu'il avait organisées et dirigées avaient dans cette bataille de la Marne qui allait briser l'offensive allemande que l'on eût pu croire irrésistible depuis l'entrée des armées du Kaiser en Belgique et en France.

Cette constatation ne diminuait d'ailleurs en rien la grandeur de la tâche accomplie par nos armées qui combattaient, avec toute la ténacité que l'on sait, sur le vaste front qui s'étendait alors jusqu'aux Vosges. Mais il est certain que les forces allemandes opposées à nos 9e, 4e, 3e, 2e et 1re armées se sentirent diminuées dans leurs moyens d'action quand elles virent leur Ire armée forcée de se replier vers le Nord, pour faire face à un ennemi tout nouveau, sorti rapidement et d'une manière inattendue du camp retranché dont le général von Klück avait par trop méprisé les moyens d'action. Voir surgir tout d'un coup de Paris, que l'on savait mal défendu et dégarni de troupes, une armée nouvelle, complètement réorganisée et arrivant sur l'Ourcq en moins de deux jours, pour rejeter vers l'Est le 4e corps de réserve, estimé suffisant pour protéger la marche vers le sud de la Ire

LE GÉNÉRAL GALLIÉNI, ACCOMPAGNÉ DE M. MITHOUARD, PRÉSIDENT DU CONSEIL MUNICIPAL, ET DE M. LAURENT, PRÉFET DE POLICE,
SORT DU TROCADÉRO APRÈS UNE REPRÉSENTATION AU PROFIT DES MUTILÉS (novembre 1914)

armée, constitua l'action de surprise qui devait troubler tous ses projets.

Dans cette même lettre, le général Joffre me prévenait que, pour plus de commodités, il donnerait désormais directement ses ordres à la 6e armée, mais qu'il me tiendrait très exactement au courant des dispositions ordonnées. Il me demandait, en même temps, de continuer à cette armée le concours que je lui avais donné jusqu'à ce moment. Cela allait de soi ; mais ce changement, à mon avis, présentait des inconvénients qui pouvaient nuire à l'importance des résultats cherchés. La 6e armée restait d'ailleurs sous mes ordres. Mais en premier lieu, comme l'avaient prouvé les événements survenus depuis le 3 septembre, j'étais sûrement mieux placé que tout autres et que le G. Q. G. lui-même, pour continuer la tâche d'ensemble tracée par le généralissime, ainsi que pour l'exécution du nouveau programme qui s'imposait maintenant à nos armées. Avec un front aussi vaste que celui tenu alors par les belligérants sur le théâtre d'opérations occidental, le général commandant en chef ne pouvait se rendre compte des besoins de chacune de ses armées, ni surtout, en temps voulu, des exigences de la tâche à accomplir. A lui de désigner l'objectif général à atteindre, aux commandants d'armée de prendre les mesures de détail nécessaires pour atteindre cet objectif, et surtout pour tirer de la situation tout le parti possible, ainsi que cela avait eu lieu, pour l'armée de Paris, pendant ces dernier, jours. La 6e armée et des renforts successifs, d'ailleurs énergiquement demandés par moi, ayant été mis à ma disposition pour la défense et l'organisation du camp retranché, j'aurais pu me borner, les 4 et 5 septembre, en l'absence de toute directive, en présence même de la note du 2 septembre qui prescrivait encore à toutes nos armées de gauche de se replier au sud de la Seine et de l'Yonne, à réserver ces forces pour la protection du camp retranché toujours menacé, et me contenter de diriger vers Meaux et le sud de la Marne, suivant l'indication du G. Q. G., un corps léger composé en majeure partie de cavalerie. C'est d'ailleurs ainsi que la chose avait été comprise, puisque le corps de cavalerie Sordet avait reçu directement l'ordre de se porter au sud de la Marne, où il ne faisait qu'encombrer, alors que c'était vers le nord, à l'aile gauche de l'armée du général Maunoury, qu'il aurait dû être porté de suite. C'est vers le nord, en effet, que se trouvait, à mon avis, le point essentiel de la manœuvre en cours. C'est vers le nord, vers Villers-Cotterets et au delà, que l'on menaçait les communications de l'ennemi, c'est-à-dire que l'on touchait au point délicat. Dès qu'il s'est senti menacé au nord, le général von Klück a dû renoncer, et avec quelle répugnance, à son offensive contre l'armée anglaise et contre la 5° armée et replier peu à peu vers le Nord des corps si énergiquement engagés au sud.

Cette considération avait certainement échappé à notre état-major général puisque, dans la journée du 4 septembre, il ne cessait d'insister encore pour que nous agissions au sud de la Marne. Si j'avais obéi à cette suggestion, j'engageais toute mon armée de Paris dans ce lacis de cours d'eau qui couvre cette partie de l'Ile-de-France. On perdait un temps précieux à franchir les Morin, la Marne. Nos forces s'embarrassaient entre l'armée britannique et la 5e armée, dans un espace relativement restreint, déjà occupé par la division de cavalerie du général Conneau et la cavalerie anglaise. Et surtout, notre armée de Paris ne se portait pas carrément sur l'Ourcq, n'intervenait pas, dès le 5 au soir, par ses avant-gardes, contre le 4e corps de réserve allemand et ne produisait pas cet effet de surprise, si nécessaire dans une offensive de ce genre. Ce 4e corps était laissé libre d'agir vers le sud et le sud-est, le 2e corps poméranien ne venait pas le renforcer, et toute la Ire armée allemande, dégagée de toute préoccupation sur son flanc droit et sur ses derrières, continuait son mouvement offensif contre l'armée anglaise et la 5e armée, tandis que la 6e armée, empêtrée dans une région difficile à traverser, n'arrivait pas à temps pour intervenir ou venait jeter le trouble sur cette partie du front, voué ainsi à la défaite. On l'a bien vu et on le verra plus loin par l'inaction de la 8e division, jetée bien à tort pour étayer à gauche les troupes du maréchal French dans la boucle de la Marne où elle ne put rendre aucun service, bien au contraire, pendant que la 6e armée combattait si vaillamment contre un ennemi supérieur en forces, sur la rive droite de l'Ourcq. En somme, on agissant ainsi, on perdait un temps précieux et la manœuvre de l'Ourcq sur le flanc droit ennemi ne s'exécutait pas.

Or, c'est seulement parce que je m'étais trouvé sur place, parce que j'avais pu suivre minute par minute les mouvements des colonnes allemandes, et parce que j'avais pu utiliser avec la plus grande intensité les ressources en hommes, matériel, moyens de transport que j'avais à ma disposition, qu'il m'avait été possible de prendre toutes les mesures indiquées ci-dessus et qui avaient abouti à la surprise de l'ennemi et à la ruine de ses projets d'offensive ; au Grand Quartier Général, on n'aurait pu se rendre compte de la même manière des exigences de la situation, et l'opération n'aurait pu être exécutée avec la précision et l'énergie qui avaient été déployées par tous, dans ces journées intéressantes. Mais, nous ne devions pas nous en tenir là et, à mon avis, il fallait exploiter les précieux résultats déjà obtenus, en agissant encore avec la plus grande célérité.

La Ire armée allemande, à cette date du 8 septembre dans la matinée, avait dû, il est vrai, commencer à reporter quelques-uns de ses éléments en arrière, comme le IIe corps qui allait bientôt être suivi par le IVe corps actif, afin de conjurer le danger qui la menaçait sur son flanc droit et, bien que moins indirectement encore, sur ses derrières. Mais, pour obtenir un résultat décisif, pour changer en désastre la retraite qui commençait, il était dans mes intentions, ce même jour, de demander de nouveaux renforts et de les porter, toujours par les moyens rapides que nous pouvions nous procurer à Paris et dans le camp retranché, vers le nord, dans la direction de la Ferté-Milon. Là, ils tombaient en plein dans les lignes de communication de l'ennemi, sur ses derrières, et le mettaient dans la plus fâcheuse des situations. On se figure aisément l'effet produit par deux corps d'armée nouveaux, débarquant dans la capitale, s'y organisant, transportés par voie ferrée et par automobiles — en ce qui concerne les troupes à pied, — vers l'Aisne, bousculant toutes les colonnes de convois, se rendant maîtres des chemins de fer et des lignes télégraphiques et prenant nettement l'offensive contre les corps d'armée allemands, déjà attaqués par l'ouest et le sud. Mis dans l'impossibilité de s'arrêter et de se fortifier sur de nouvelles positions, ils étaient forcés de reculer tout au moins jusqu'à la Meuse, et cette retraite entraînait celle des armées voisines. On voit de suite les conséquences de cette opération.

Les instructions du général Joffre (1), reçues le 8 dans la matinée, et m'informant qu'il se réservait de donner directement ses ordres à la 6ᵉ armée, vinrent couper court à toutes mes intentions et à toutes mes initiatives. Je me bornai, dès lors, suivant les ordres reçus, à appuyer l'armée du général Maunoury de toutes les ressources dont je pouvais disposer encore dans le camp retranché, pour lui faciliter l'accomplissement de la tâche qui lui était confiée.

(1) Voir lettre du général Joffre, p. 171 et Documents, p. 245 et 255.

C'est pour cette raison que, dans l'après-midi du 8, après avoir été rendre au nouvel ambassadeur d'Espagne la visite que celui-ci m'avait rendue le matin, je me dirigeai vers notre armée de l'Ourcq, alors en pleine action. Le général Maunoury avait installé son quartier général à Saint-Soupplets; son impression était moins bonne que la veille. J'ai déjà expliqué que je ne pouvais partager ses sentiments d'inquiétude, pour l'excellente raison que toute augmentation de pression, exercée contre son armée, équivalait à une diminution des effectifs dirigés contre le front de nos armées mises ainsi en mesure de pouvoir à leur tour prendre l'offensive contre un ennemi forcé à la retraite. Évidemment, le général von Klück, pour mieux couvrir cette retraite, éprouvait le besoin de renforcer de plus en plus sa flanc-garde, en vue de lui permettre même de prendre l'offensive contre l'aile gauche de notre armée de Paris. C'est une menace de ce genre qui préoccupait le général Maunoury au moment où j'arrivais près de lui.

Il devait reconnaître «qu'après trois jours de combats ininterrompus, ayant mis toutes ses forces en ligne, la 6e armée ne peut espérer, à moins d'une lourde faute de l'ennemi, entamer la flanc-garde allemande». Il est évident que l'ennemi consacrera autant de forces qu'il sera nécessaire « à garantir l'inviolabilité de son flanc gauche pendant la retraite ». Le rôle de la 6e armée consiste tout entier maintenant à tenir bon « en se cramponnant fermement au terrain et en renforçant ses positions par des organisations de campagne » et à résister à tout prix jusqu'à l'arrivée sur l'Ourcq de l'armée alliée.

Je pris d'ailleurs des dispositions (1) pour le cas où « une pression trop vive de l'ennemi obligerait à une retraite ». La 62e division était « mise sous les ordres du général Maunoury pour l'organisation de points d'appui éventuels sur la ligne Plessis-Belleville-Saint-Soupplets, Monthyon ».

Pour mieux préciser, dans la journée du 8 septembre la situation générale était la suivante :

Le camp retranché était toujours tenu par : Noyau central, 83e division territoriale ; front Sud-Ouest, 89e division territoriale ; front Est, 85e division territoriale ; front Nord-Est, de Gonesse à Tremblay-lès-Gonesse, 92e division territoriale ; Pontoise, rives de l'Oise inférieure, 66e brigade territoriale, se reliant à l'est de la 92e division ; intervalle sud entre Corbeil et Longjumeau, 185e brigade territoriale ; Dugny et le Bourget, brigade de fusiliers marins et un régiment de zouaves, en réserve générale ; enfin, au nord de Tremblay-lès-Gonesse, à cheval sur la route de Dammartin, la 62e division de réserve, prête à être aiguillée vers l'Est, pour aller renforcer l'armée de l'Ourcq, vers le Nord, en cas de retour offensif des Allemands contre Paris, et vers l'Ouest, si la région de l'Oise était menacée.

Vers l'Ourcq, l'armée du général Maunoury occupait le front Chambry-Puisieux-Acy-en-Multien-Betz, dans l'ordre suivant en commençant par l'aile droite :

____

(1) Voir Documents, page 246.

45e division soutenue en arrière par la brigade du Maroc ; groupe des 55e et 56e divisions de réserve ; 7e corps d'armée ; 7e division du 4e corps (l'autre division, la 8e, était alors à l'aile gauche de l'armée britannique) ; 61e division de réserve ; enfin, corps de cavalerie Sordet parvenu, non sans fatigue, à l'aile gauche de notre armée, après sa fâcheuse randonnée autour de Paris et qui se tenait au sud de Crépy-en-Valois, menaçant, s'il avait eu suffisamment de mordant, les communications de l'ennemi vers Villers-Cotterets.

L'armée anglaise, qui commençait enfin à progresser, avait son front le long du Petit Morin, entre la Ferté-sous-Jouarre et Sablonnière, étayée à gauche par la 8e division qui avait sa gauche à Trilport et, à droite, par la division de cavalerie Conneau qui la reliait à la 5e armée qui, elle aussi, avait gagné du terrain depuis deux jours. Sa gauche formait saillant au nord de Montmirail, sa droite touchant à Fère-Champenoise. Ainsi qu'on l'a vu précédemment, nos alliés tenaient essentiellement à avoir leurs flancs protégés et mesuraient exactement leurs progrès à ceux de la 8e division et de la 5e armée. Les inconvénients de cette inaction et de cette lenteur des Anglais ont déjà été constatés et deviendront de plus en plus appréciables au fur et à mesure que se développera la bataille de l'Ourcq.

Dans cette même journée, l'armée du général von Klück présentait un premier groupement, celui qui faisait face à l'armée Maunoury. Il comprenait en première ligne le IVe corps de réserve opposé à la 61e division, à la 7e division et au 7e corps, le IIe corps, en face des 55e et 56e divisions de réserve et de la 45e division, en 2e ligne, le 4e corps actif dont les 2 divisions s'occupaient à franchir l'Ourcq vers Orpuy et Lizy-sur-Ourcq. Toutes ces troupes étaient munies d'une nombreuse artillerie lourde et constituaient une solide flanc-garde, destinée à couvrir la retraite des autres corps de cette même armée.

L'armée anglaise n'avait encore devant elle que le corps de cavalerie de Marwitz qui reliait le groupement de l'Ourcq aux IIIe corps et IXe corps, opposés à la gauche de la 5e armée qui avait d'ailleurs aussi contre elle plusieurs corps de l'armée voisine.

Malgré tout, quand je quittai le général Maunoury, j'emportai l'impression qu'il tenait vaillamment sur ses positions; mais qu'il était violemment canonné par l'artillerie lourde ennemie et pressé par les attaques de son infanterie. La lassitude était d'ailleurs extrême parmi toutes ses unités qui combattaient sans trêve ni merci depuis trois jours, après les rudes marches des jours précédents.

Au retour, je m'arrêtai sur plusieurs points du camp retranché et constatai les efforts faits par tous pour hâter la mise en état de défense de tous nos ouvrages dont les parapets étaient à peu près terminés ; ces ouvrages étaient en outre protégés en avant par les réseaux de fil de fer destinés à arrêter les attaques des colonnes d'infanterie. Partout nos territoriaux, sous la direction d'officiers et de sapeurs

du génie, travaillaient énergiquement à développer
les tranchées qui formaient, autour de Paris, un réseau
de plus en plus dense, de plus en plus difficile à franchir par l'assaillant.

Le 9 septembre, dès la première heure, je prenais
encore la route de l'Est, mais je me contentais d'envoyer mes officiers de liaison à la 6ᵉ armée, pour me
tenir prêt à lui envoyer encore les renforts dont je pouvais disposer. De plus, je tenais à parcourir toutes nos
défenses du front Est et à m'assurer par moi-même
que rien n'était négligé pour les perfectionner et les
terminer. Je pris au passage le général Chapel, commandant la 85ᵉ division territoriale, et, accompagné
par lui et par les commandants de secteurs, je par-
courus et visitai successivement la plupart des forts,
ouvrages, batteries, ayant pour objet de défendre cette
partie du front du Camp retranché, plus particulièrement menacée par l'ennemi.

Cette journée du 9 septembre marquait d'ailleurs
le point critique de la bataille de l'Ourcq. L'armée
Maunoury continuait à supporter seule le choc de
trois corps allemands. On pouvait craindre, d'autre
part, « que l'extrême droite allemande ne soit renforcée par d'autres éléments que la chute de Maubeuge
peut rendre disponibles », d'après un télégramme
du général commandant en chef. La résistance même
de l'armée de Paris risquait d'être compromise, si
le concours des forces alliées, attendu depuis la journée du 5, tardait à intervenir.

Dès la veille, les forces britanniques devaient
« franchir la Marne entre Nogent-l'Artaud et la
Ferté-sous-Jouarre et se porter sur la gauche et le
derrière de l'ennemi qui se trouve sur l'Ourcq ».
La 5e armée devait marcher droit au nord et « couvrir le flanc droit de l'armée anglaise en dirigeant
un fort détachement sur Azy-Château-Thierry ».

A midi, les forces anglaises commencent à franchir
la Marne. Le 1.er et le 2e corps gagnent le soir même
du terrain vers le nord ; le 3e, qui forme précisément
la colonne de gauche, la plus à portée des positions
ennemies, est retardé fâcheusement dans son passage
à la Ferté-sous-Jouarre et ne reprend sa marche que
le 10 au matin.

Pendant ce temps, la 6e armée subit le plus violent
effort qui ait été dirigé contre elle depuis le début du
combat. De fortes colonnes ennemies, débouchant d'An-
tilly et de Betz, cherchent à déborder notre gauche.
Une brigade de landwehr, par surcroît, descendant
directement de Villers-Cotterets, apparaît subitement
à l'extrême gauche de l'armée au nord-ouest de Nanteuil-le-Haudouin. Le 4e corps, surpris par cette
manœuvre, assailli déjà par des forces supérieures,
défend le terrain pied à pied, mais doit abandonner
Nanteuil et Villers-Saint-Ginest. La 6e armée, ainsi
qu'il ressort de mon ordre général n° 7 (1) « obligée
d'infléchir sa gauche, occupe en fin de journée la ligne
générale Silly-le-Long, Chèvreville, Puisieux, Étrépilly ».

(1) Voir Documents, page 247.

Cependant, le général Vauthier, qui a livré de son côté de furieux combats sur le front Est, constate vers le milieu de la journée un ralentissement de l'offensive allemande. A 15 heures, de fortes batteries, installées à Trocy, ont cessé de tirer et les reconnaissances signalent que les tranchées allemandes en avant de Puisieux ont été évacuées.

Visiblement, l'ennemi, sous la menace de l'armée anglaise qui vient de franchir la Marne, abandonne le front Est de la 6e armée. Mais rien ne permet de discerner encore s'il retire ses forces pour les porter plus au nord et tenter à nouveau l'enveloppement de l'aile gauche, ou si les troupes envoyées sur le front nord constituent un simple rideau, destiné à masquer la retraite définitive des armées.

Je penchais pour la seconde hypothèse. Je pris cependant toutes les mesures nécessaires « pour assurer la sûreté du camp retranché et parer à toute éventualité » (Ordre général n° 7) (1). Toutes les troupes de la défense prenaient leurs emplacements de combat. Nos batteries de grosse artillerie que nous avions réussi, au prix d'énormes efforts, à approvisionner à environ cent coups par pièce, sont prêtes à tirer. Toutes les troupes actives restant dans le camp retranché, la brigade de fusiliers marins et un régiment de zouaves, sont groupés à Dugny, en réserve générale, à ma disposition.

Mais la 6e armée, en dépit de l'état de fatigue

(1) Voir Documents, page 247.

extrême de ses troupes, s'organise sur ses positions et
se prépare à un dernier effort. Sa résistance acharnée
va lui permettre d'aboutir enfin au résultat qu'elle
cherche, à savoir, associer son action à celle de l'armée
anglaise. Dans la nuit, un télégramme du général en
chef lui prescrit de reprendre l'offensive. « Les 5e et
6e armées et les forces anglaises se mettront en mesure
d'attaquer les positions ennemies. Les forces anglaises
s'efforceront d'atteindre les hauteurs rive sud du
Clignon. » «La 6e armée continuera, en appuyant sa
droite à l'Ourcq, à gagner du terrain vers le nord pour
chercher l'enveloppement ». Le corps de cavalerie,
passé le jour même sous les ordres du général Bridoux,
tentera enfin la manœuvre qui s'impose et que l'on
attend vainement de lui depuis deux jours, de « pro-
longer l'action de la 6e armée en recherchant les flancs
et les derrières de l'ennemi ».

En résumé, dans cette journée du 9, la situation
des armées adverses, vers 10 heures, était la suivante :

La VIe armée occupait Crégy et Chambry par la
45e division et la brigade marocaine ; le terrain à
l'ouest de Varreddes, Etrepilly, Puisieux, par le
groupe des 55e et 56e divisions de réserve, cette dernière ayant dû s'infléchir vers l'ouest, sous la pression
de IIe corps allemand ; Chèvreville et la région envi-
ronnante par le 7e corps, qui avait dû faire face presqu'au Nord, ayant à sa gauche la 7e division, entre
Chèvreville et Nanteuil-le-Haudouin ; la 61e division,
appuyée à l'extrême gauche par le corps de cavalerie,
formait notre aile gauche, également face au Nord

pour s'opposer à la menace de débordement du IVe
corps de réserve. La 62e division formait la réserve
au nord-est de Dammartin, tandis que la 8e division,
enfin libérée par les Anglais, était dirigée vers le Nord
pour étayer notre aile gauche et rejoindre l'autre division du 4e corps, si malencontreusement morcelé par
cet envoi de la 8e division sur la gauche anglaise.

L'armée britannique occupait le front Changis-
Château-Thierry où elle se rejoignait avec la gauche
de la 5e armée, ces deux armées formant là un saillant
très accentué. La 5e armée avait sa droite vers Cham-
paubert, ayant ainsi son front orienté nord-ouest
sud-est.

La Ire armée allemande, ainsi qu'on l'a vu, s'atta-
quait tout entière à la 6e armée, mais elle allait avoir
à compter avec l'armée anglaise et la gauche de la
5e armée qui, à leur tour, prenaient une offensive
énergique.

Dans cette même journée du 9, on m'apporta un
drapeau allemand pris par le soldat Guillemard, du
groupe de division de réserve du général de Lamaze.
En présence des officiers de mon quartier général,
je remis la médaille militaire à ce soldat qui reçut
mon accolade avec une émotion non dissimulée.

Dans l'après-midi, j'allai visiter, à la caserne
Reuilly, le régiment étranger que j'avais créé, dès les
derniers jours d'août, pour recevoir les nombreux
étrangers, Slaves, Polonais surtout, habitant Paris
et désireux de s'enrôler sous les couleurs françaises,
conformément à l'autorisation donnée par le Tsar.

Le colonel Thiébaud, qui le commandait, n'avait pas perdu son temps et, malgré les difficultés de toutes sortes relatives à l'incorporation, à l'habillement et à l'armement de ses hommes, pouvait déjà me présenter un bataillon à peu près complètement organisé et dont l'instruction était vivement poussée. Je réunis les officiers et gradés, constitués en grande partie par des sous-officiers de la garde républicaine et des pompiers, volontaires, et j'exprimai le désir que ce nouveau régiment pût être conduit au feu le plus tôt possible. Je savais, par les services que la légion étrangère avait rendus dans nos expéditions coloniales, tout le fonds que l'on pouvait faire sur ces troupes, animées généralement de traditions très vives.

Le 10 septembre, je passai la matinée dans le camp retranché, notamment dans les zones nord et est, les plus menacées par l'ennemi. Nos défenses commençaient à prendre la meilleure apparence. Les ouvrages bétonnés, comme celui de l'Orme de Morlu, qui devaient servir de places d'armes à nos différents centres de résistance, étaient poussés très activement. Entre eux, nos réseaux de tranchées pour infanterie, avec leurs abris et leurs boyaux de communication, protégés par leurs lignes de fil de fer, se faisaient de plus en plus denses, tandis que les batteries d'artillerie lourde voyaient se perfectionner leurs travaux d'organisation et s'augmenter leurs approvisionnements.

Je m'arrêtai longuement à Dugny, où l'amiral

Ronarc'h, commandant la brigade de fusiliers marins, avait son poste de commandement. Je lui avais adjoint un régiment de zouaves, formé avec les ressources du dépôt de Saint-Denis. Je mis l'amiral Ronarc'h au courant de la situation, en le prévenant qu'il formait la réserve générale du camp retranché et qu'il aurait à intervenir dans le Nord-Est, dans la direction de Dammartin, pour le cas où la 6e armée, trop pressée sur son aile gauche, serait dans la nécessité de se replier vers Paris. Cette brigade formait d'ailleurs une superbe troupe, très solidement encadrée et animée de cet esprit de corps qui a toujours distingué nos marins. Ceux-ci, arrachés à leurs ports de guerre et à leurs occupations professionnelles · habituelles, s'étaient vite adaptés à la vie de campagne des troupes de terre et je comptais beaucoup sur cette force d'élite, si les circonstances rendaient son intervention nécessaire.

L'après-midi, à 2 heures, je remontai en automobile pour me rendre à Saint-Soupplets, au poste de commandement du général Maunoury. Il me donna les meilleurs renseignements sur la situation. La retraite allemande s'accentuait. Dans la nuit, le mouvement de recul constaté devant le front Est de l'armée de Paris s'était étendu progressivement jusqu'au Nord. Les 3 corps allemands qui combattaient face à l'Ouest précipitaient leur retraite, n'ayant pu refouler notre ligne et voulant échapper au croisement de feu des deux armées alliées.

Dès ce moment, notre offensive se transformait

donc en poursuite. Les forces britanniques, rejoignant enfin les arrière-gardes allemandes, les bousculent violemment, « prennent 7 canons et de nombreux prisonniers » (Rapport du Général commandant en chef). La 5e armée, qui soutient depuis plusieurs jours des combats acharnés, s'empare de « canons, d'obusiers, de mitrailleuses et de 1.300.000 cartouches » (Rapport du Général en chef). D'ailleurs, toute la ligne ennemie cède « sur la Marne et en Champagne », « les armées alliées du centre et de l'aile gauche » rivalisent dans leur action offensive et « ne laissent à l'ennemi aucun répit ». La situation était donc favorable. J'ai déjà expliqué plus haut comment cette retraite aurait pu se changer en désastre si, ayant conservé le commandement effectif de nos forces de l'aile gauche, j'avais pu disposer encore de deux nouveaux corps qui, transportés par les moyens rapides dont nous pouvions disposer à Paris, seraient venus se placer sur les derrières et sur les lignes de communication des Allemands. Ces corps furent bien envoyés plus tard, le 13 et le 14, mais c'était trop tard et, déjà, notre adversaire avait organisé sa puissante position de repli sur l'Aisne, où il se trouve encore (juin 1915).

Je rentrai à Paris par les villages d'Étrepilly et de Varreddes où on s'était battu énergiquement les jours précédents. De nombreuses ruines attestaient, dans ces localités, la violence de la lutte. D'ailleurs, les rues, les cours, tout le terrain aux abords de ces villages, étaient encombrés de cadavres français et allemands, que l'on n'avait pu encore faire disparaître.

De plus, de nombreux blessés allemands gisaient dans les maisons, n'ayant reçu encore, en raison de leur grand nombre, que des soins incomplets. Rencontrant en ce moment (il était 7 heures du soir) un convoi de taxi-autos, de ceux-là mêmes qui avaient transporté nos troupes vers Nanteuil-le-Haudouin, je leur fis charger environ 300 de ces blessés allemands. Je n'étais pas mécontent, en cas d'investissement ou de bombardement, d'avoir un certain nombre de blessés allemands dans les mêmes hôpitaux que nos propres blessés.

Ce même jour, une lettre du ministre de la Guerre m'annonçait la visite de deux de ses collègues, MM. Briand et Sembat, ministres de la Justice et des Travaux publics, venus de Bordeaux pour parler avec moi de certaines questions relatives au ravitaillement et au sort de la population de la Capitale en cas de siège. Je n'eus qu'à me louer de la visite de nos deux ministres, que je mis au courant de la situation militaire, de nos travaux de défense et des mesures à prendre pour hâter l'œuvre de la défense nationale. Ce n'est que plus tard que j'appris le but véritable du voyage de MM. Briand et Sembat à Paris : se rendre compte, paraît-il, si les bruits qui couraient à Bordeaux sur le rôle politique que l'on me prêtait étaient exacts. Je crois qu'il a suffi de quelques minutes d'entretien avec moi pour convaincre les délégués du Gouvernement qu'ici je n'avais qu'une seule préoccupation en tête : la défense de la Capitale dont la garde m'avait été confiée. Une chose me surprit simplement

c'est que semblable idée pût venir à nos Ministres et
surtout qu'ils pussent ajouter foi à de semblables
racontars. Tout mon passé témoignait en faveur de
mon loyalisme, comme pouvaient le certifier mes
anciens chefs au ministère des Colonies, MM. Étienne,
André Lebon, Guillain, Decrais, Doumergue, de
Lanessan, Rousseau, etc. Déjà, à mon premier retour
de Madagascar, en juin 1899, j'avais été en butte
à des tentatives de certains nationalistes en vue. Je
m'étais contenté de leur rire au nez, en ajoutant que
j'étais un soldat et que je ne connaissais qu'un chef,
c'était mon ministre. Il paraît que j'avais quelque
popularité parmi les Parisiens. Je recevais évidemment partout l'accueil le plus sympathique, mais je
ne faisais absolument rien pour acquérir cette popularité, dont je n'avais nul besoin d'ailleurs, puisque
ma carrière devait se clore à la terminaison des hostilités. Puis, j'étais très sceptique sur cette popularité.
« La popularité, c'est du vent », disait Jules Simon.
Mais, dès ce jour, j'eus la notion que les hommes, qui
ne devaient avoir en vue que la défense du pays et
l'organisation de la victoire, pouvaient bien encore se
laisser guider par les considérations mesquines de la
politique. Cette notion ne fit que s'accentuer chez
moi par la suite. Homme d'action avant tout, je n'ai
jamais compris ces discussions stériles, ces intrigues,
n'ayant en vue que des intérêts de personnes au
détriment de ceux du pays.

Le lendemain, 11 septembre, toujours préoccupé
de notre situation militaire sur le front de cette armée

de Paris que je commandais depuis le 31 août, je me rendis à Attichy, où se trouvait le quartier général du général Maunoury. Les événements continuaient à se montrer sous le jour le plus favorable et cette journée du 11 septembre voyait se poursuivre la marche victorieuse qui devait conduire nos armées de gauche jusqu'au nord de l'Aisne et de la Montagne de Reims. La 6ᵉ armée, d'après l'instruction particulière du Général en chef, nº 21, continue « à appuyer sa droite à l'Ourcq, puis successivement à la route Longpont, Chaudun, Soissons ». L'armée anglaise s'étend à droite jusqu'à la route Rocourt, Fère-en-Tardenois, Bazoches. La 5ᵉ armée progresse à l'ouest d'Épernay dans la direction de Reims.

En résumé, à cette même date du 11, la 6ᵉ armée s'étendait depuis Rosières, jusqu'à Mareuil-sur-Ourcq dans l'ordre suivant : 4ᵉ corps, 7ᵉ corps, groupe des 55ᵉ et 56ᵉ divisions de réserve, 45ᵉ division, ayant sur sa gauche, à Pont-Sainte-Maxence, le corps de cavalerie Bridoux, sur sa droite, la brigade de cavalerie Gillet du camp retranché et, en arrière, à gauche, les 61ᵉ et 62ᵉ divisions de réserve du groupe Ebener, venant de Nanteuil-le-Haudouin pour renforcer le 4ᵉ corps.

Sur sa droite, l'armée britannique s'avançait vers la ligne ferrée La Ferté-Milon-Oulchy-le-Château, en trois colonnes.

La 5ᵉ armée, en retrait, tenait le front Château-Thierry-Dormans.

Quant à l'armée allemande, elle reculait partout devant le front des trois armées.

Ces résultats étaient déjà considérables, puisque nos armées, en retraite depuis la Belgique et la Meuse, et qui, conformément à la directive du général Joffre du 2 septembre, devaient se retirer au sud de la Seine et de l'Yonne pour y attendre les renforts expédiés des dépôts, avaient pu, grâce à l'intervention rapide de l'armée de Paris sur l'Ourcq, reprendre l'offensive et rejeter les Allemands dans la direction du Nord. Mais, ainsi que je l'ai déjà montré, on devait et on aurait pu faire bien davantage. Deux corps d'armée en plus et un commandement logiquement organisé, assurant une unité et une direction d'action complètes, eussent changé en désastre la retraite de la Ire armée allemande. Mais, pour obtenir ce résultat, il fallait agir rapidement et ne pas attendre aux jours suivants. De nouveaux corps d'armée allaient bien être envoyés sur notre gauche « les jours suivants », mais, comme me disait le Commandant de l'une de nos armées, « nous sommes toujours en retard de vingt-quatre heures et d'un corps d'armée ». Le débordement, toujours cherché et annoncé, devait donc toujours échouer, et toute tentative de ce genre devait s'arrêter quand les deux adversaires toucheraient à la mer. La conséquence en fut cet énorme front qui, à l'heure où j'écris ces lignes (juin 1915), n'a jamais produit un effort suffisamment prononcé pour pouvoir percer l'ennemi, en possession, depuis onze mois, de dix de nos plus riches départements.

Le 11 au soir, la bataille nous était favorable sur tout le front ennemi. Le Général en chef, dans le message qu'il m'adresse, écrit (1) : « La bataille qui se livre depuis 5 jours s'achève en une victoire incontestable... Partout, l'ennemi laisse sur place de nombreux blessés et des quantités de munitions ; partout on fait des prisonniers... La reprise vigoureuse de l'offensive a déterminé le succès ».

En portant ce message à la connaissance des troupes, j'y ajoutai « mes propres félicitations pour l'armée de Paris, en raison de la participation qu'elle a prise aux opérations ». Je cessai, à la même date, d'exercer le commandement de l'armée de Paris, ou ancienne 6e armée, qui m'avait été conféré le 1er septembre (2). « En raison de sa situation qui l'éloigne chaque jour davantage du Camp retranché », il est décidé « que la 6e armée recevra désormais les ordres directs du Commandant en chef ».

On peut dire que, dans ces 6 journées de combat, l'armée de Paris a eu une part prépondérante au succès de nos armes. Faute d'avoir été appuyée en temps utile, elle n'a pu réussir, suivant mes projets, à déborder l'aile droite. Mais la menace imminente d'envelopement prononcée par son offensive, maintenue jusqu'à la dernière limite par l'acharnement de sa résistance, a pesé d'un tel poids sur la Ire armée allemande qu'elle en a déterminé la retraite, entraînant celle de toute la ligne ennemie, préparant par les premiers succès de la bataille de l'Ourcq ceux qui ont décidé de la victoire de la Marne.

(1) Voir Documents, page 250.
(2) Voir Documents, page 251.

DOCUMENTS

RÉPUBLIQUE FRANÇAISE

LETTRE DE COMMANDEMENT

Le Président de la République Française,

Décrète :

En cas de mobilisation, M. le Général de Division Galliéni sera adjoint, à titre de successeur éventuel, à M. le Général de Division Joffre, commandant en chef du groupe des Armées de l'Est.

Fait à Paris, le 31 juillet 1914.

Signé : POINCARÉ.

Par le Président de la République :

Le Ministre de la Guerre,

Signé : MESSIMY.

Le Président de la République Française,

Sur le rapport du Ministre de la Guerre,
Vu la loi du 24 juillet 1873 relative à l'organisation de l'armée, modifiée par la loi du 5 décembre 1897 ;
Vu la loi du 5 janvier 1875 relative à l'organisation des commandements supérieurs de Paris et de Lyon,

DÉCRÈTE :

Article premier. — M. le Général de Division Galliéni (Joseph-Simon) est nommé Gouverneur militaire de Paris, en remplacement de M. le Général de division Michel, appelé à d'autres fonctions.

Art. 2. — Le Ministre de la Guerre est chargé de l'exécution du présent décret.

Paris, le 26 août 1914.

Signé : R. POINCARÉ.

Par le Président de la République :
Le Ministre de la Guerre,
Signé : MESSIMY.

INISTÈRE
LA GUERRE

Cabinet
ministre

2344 D

RÉPUBLIQUE FRANÇAISE

1er septembre 1914.

*Le Ministre de la Guerre
à M. le Général Gouverneur Militaire de Paris,*

J'ai l'honneur de vous accuser réception de votre lettre du 30 août, me rendant compte de la situation du Camp retranché de Paris à la date du 26 août et me donnant des précisions, spécialement en ce qui concerne la garnison, l'armement, les travaux du génie et l'approvisionnement.

Je vous remercie d'avoir pris immédiatement toutes mesures nécessaires pour améliorer cette situation et je sais que des progrès importants ont été déjà réalisés. La visite que j'ai tenu à faire ce matin même m'a permis de les constater et j'ai pu voir que partout les travaux étaient poussés avec beaucoup d'ardeur, d'ordre et de méthode.

En les poursuivant de la même manière, ils seront à bref délai conduits à un degré d'achèvement permettant de faire la résistance la plus énergique.

Le Gouvernement remet avec une entière confiance entre vos mains le sort de la Capitale que personne n'est plus digne que vous de défendre, et sa conviction est absolue que, comme vous en prenez si noblement l'engagement patriotique, vous ferez « votre devoir, tout votre devoir, jusqu'au bout ».

Signé : MILLERAND.

ÉTAT-MAJOR
DU
GOUVERNEMENT
MILITAIRE
DE PARIS
—
Arrivé
au Bureau
de la Défense
le 3 sept. 1914
—
Enregistré
sous le N° 098
—
Modification
dans
l'organisation
du Haut
commandement
—
3 sept. 1914
—
N° 89
—

Secret. **MINISTÈRE DE LA GUERRE**

Paris, le 2 septembre 1914.

*Le Ministre de la Guerre
au Gouverneur Militaire de Paris.*

J'ai l'honneur de vous faire connaître que le Camp retranché de Paris sera placé sous les ordres du commandant en chef du Groupe d'armées du Nord-Est, dans les conditions prévues par l'article 144 de l'instruction sur la conduite des grandes unités et l'article 151 du décret sur le service des places, afin de lui permettre, le cas échéant, d'associer la garnison mobile de la place aux opérations des armées en campagne, sans que cette garnison puisse être éloignée de la place à une distance trop grande pour en compromettre la sécurité.

En plus des formations qui sont déjà placées sous votre commandement, la garnison du Camp retranché de Paris sera renforcée de l'armée du général Maunoury, comprenant :

1 division du 7ᵉ corps,

1 brigade de chasseurs indigènes,

5 divisions de réserve (Nᵒˢ 55, 56, 61, 62, 63), et le 4ᵉ corps d'armée.

Signé : MILLERAND.

ARMÉES DE PARIS

—

État-major

—

3e Bureau

—

Paris, le 1er septembre 1914, 18 h. 15.

ORDRE GÉNÉRAL N° 1

1re Partie

I. — L'ennemi venant de Montdidier et Roye a atteint hier le front Tricot, Ressons-sur-Matz. De la cavalerie allemande a passé l'Oise en aval de Noyon. De l'infanterie a atteint l'Oise entre Noyon et Thourotte.

La 6e armée française occupe le front La Neuville-en-Hez, Avrigny. Elle tient Senlis et Pontoise. L'armée anglaise occupe la ligne Nanteuil-le-Haudouin, Betz.

II. — Paris doit former le point d'appui de gauche des forces françaises qui se replient vers le sud.

L'armée de Paris se compose de troupes entrant actuellement dans la garnison du camp retranché (voir Note n° 1) renforcées progressivement :

Fr. 6e Armée :
Général Maunoury . . .
- 7e Corps d'armée.
- 55e Division de réserve.
- 56e —
- Brigade marocaine.
- Groupe de cavalerie (Sordet).

Groupe de D. R. Ebener.
- 61e Division.
- 62e Division.

4e Corps d'armée. (Ce corps d'armée ne sera en mesure d'agir au plus tôt que le 4 septembre.)

III. — Dans sa retraite sur Paris, le général Maunoury manœuvrera de manière à couvrir le Camp retranché de Paris dans les directions du nord et de l'est en tenant compte de la nécessité de conserver le plus possible de troupes intactes pour coopérer ensuite à la défense du Camp retranché. Toute latitude est laissée au général Maunoury pour remplir la mission ci-dessus.

Il dirigera son mouvement de retraite de manière à venir occuper dans la partie nord du Camp retranché la région comprise entre la Marne et la Grand'route Paris-Senlis incluse.

Le général Maunoury exercera le commandement dans cette région ; il aura sous ses ordres :

1º Les éléments territoriaux qui y sont déjà affectés (92º division territoriale, éléments de la 85º division territoriale).

2º La brigade de cavalerie Gillet à deux régiments. Cette brigade sera à sa disposition le 3 septembre, à 6 heures, à Villeneuve-sous-Dammartin.

3º Les trois groupes de batteries de sortie de la réserve générale seront à sa disposition à l'est de Bondy, le 3 septembre à 6 heures.

IV. — Le général Mercier-Milon prendra, à la date du 3 septembre, le commandement de la région comprise entre la route Paris-Senlis exclue et l'Oise. Il disposera :

1º De la 86º Division territoriale, déjà affectée à cette région ;

2º De la brigade des fusiliers marins ;

3° D'une brigade de la 86° division territoriale avec le groupe de batteries de sortie de cette division.

Ces éléments devront être en place le 3 septembre avant midi. Le général Mercier-Milon donnera directement les ordres de détail nécessaires.

V. — Le groupe de D. R. Ebener opèrera dans la région à l'ouest de l'Oise. Il aura comme mission générale de s'opposer au débordement de l'ennemi en disputant les passages de la Viosne et le massif de l'Authie.

VI. — Le général Maunoury dirigera le corps de cavalerie Sordet de manière à couvrir la gauche de l'armée de Paris, sur la rive droite de l'Oise. Le groupe Sordet se mettra en relations avec le groupe Ebener. Il cessera alors d'être sous les ordres du général Maunoury et passera sous les ordres du général Gouverneur de Paris. Le général Maunoury précisera la date où ce changement de commandement aura lieu.

VII. — La 45° division sera maintenue en réserve générale à la disposition du Gouverneur. Elle ira cantonner le 3 avant midi dans la région Argenteuil, Sartrouville, Houilles, Bezons (Q. G. à Argenteuil). Elle exécutera son mouvement en évitant de passer par le noyau central.

VIII. — Communications télégraphiques : utilisation du réseau national.

Le Gouverneur militaire de Paris,
Signé : GALLIÉNI.

Pour ampliation :
Le chef d'état-major,
Signé : CLERGERIE.

Paris, le 1er septembre 1914.

*Le Général Galliéni, Gouverneur militaire de Paris
et Commandant en chef des armées de Paris,
à Monsieur le Maréchal French.*

Monsieur le Maréchal,

J'ai appris ce matin, dans la tournée que j'ai faite dans nos régions nord-est de Paris, que vous veniez d'arriver à Dammartin.

Comme gouverneur de Paris et commandant en chef des armées de Paris, je m'empresse de vous souhaiter la bienvenue et de vous dire combien je suis heureux de savoir que les braves troupes anglaises qui se sont conduites si vaillamment ces derniers jours se trouvent à proximité de Paris. Vous pouvez compter sur le concours absolu que nous devons à nos courageux compagnons d'armes. Personnellement, j'ajouterai que votre nom ne m'est pas inconnu, étant moi-même un Colonial, ayant fait de nombreuses campagnes, et notamment m'étant trouvé à Madagascar lorsque vous commandiez l'expédition anglaise contre les Boers.

Je vous demande de votre côté de me donner l'assurance que je pourrais aussi, s'il était nécessaire, compter sur votre collaboration.

Vous savez que le Général Commandant en chef vient de faire placer Paris dans la zone de ses opérations. Je vous envoie donc les dispositions que je

viens de prendre, afin que vous soyez bien orienté à
ce sujet, pour couvrir les fronts Nord et Est de Paris,
qui paraissent les plus menacés, et d'autre part pour
attirer sur nous les corps qui assaillent le flanc gauche
de notre armée.

Je vous serais reconnaissant de bien vouloir me
tenir au courant de vos intentions et des dispositions
que vous avez l'intention de prendre.

Veuillez agréer, Monsieur le Maréchal, l'assurance
de ma haute considération et de mes sentiments
profondément dévoués.

Signé : GALLIÉNI.

Lagny, september 2/1914.

My General, I remember the pleasure I had in meeting you at your manœuvres, two years ago. The manœuvres we are now engaged in are some-what more serious. In accordance with your wish I inclose a rough sketch showing the position of troops this afternoon.

As we are now (3 P. M.) we are in fighting billets behind a line of outposts from Étrepilly to Dammar-tin; it depends then on what your troops will do what the Field Marschal will do. I have not time to add to this, but General Chapelle has just shown me his works on the map and we now know the limits of the defence. A thousand excuses for writing in pencil. Very sincerely.

HENRY WILSON.

TRADUCTION

Lagny, 2 septembre 1914.

Mon Général,

Je me souviens du plaisir que j'ai eu à vous rencontrer aux manœuvres françaises, il y a deux ans. Les manœuvres dans lesquelles nous sommes maintenant engagés sont un peu plus sérieuses. Conformément à votre désir je vous envoie ci-inclus un schéma montrant la position des troupes cet après-midi.

A l'heure actuelle (3 heures de l'après-midi) nous sommes en position de combat derrière une ligne d'avant-postes qui s'étend d'Étrepilly à Dammartin. Le Maréchal règlera sa conduite sur celle de vos troupes. Le temps me manque pour ajouter quoi que ce soit à ceci, mais le Général Chapelle vient de me montrer sur la carte ses travaux et nous savons maintenant les limites de la défense.

Mille excuses d'écrire au crayon.

Votre très sincèrement.

Signé : HENRY WILSON.

GRAND QUARTIER
GÉNÉRAL
DES
ARMÉES DE L'EST
—
État-major
—
3º Bureau
—

Au Grand Quartier Général, le 1ᵉʳ septembre 1914.

INSTRUCTION GÉNÉRALE Nº 4

I. — Malgré les succès tactiques obtenus par les 3ᵉ, 4ᵉ et 5ᵉ armées dans la région de la Meuse et à Guise, le mouvement débordant effectué par l'ennemi sur l'aile gauche de la 5ᵉ armée, insuffisamment arrêté par les troupes anglaises et la 6ᵉ armée oblige l'ensemble de notre dispositif à pivoter autour de notre droite. Dès que la 5ᵉ armée aura échappé à la menace d'enveloppement prononcée sur sa gauche, l'ensemble des 3ᵉ, 4ᵉ et 5ᵉ armées reprendra l'offensive.

II. — Le mouvement de repli peut conduire les armées à se retirer pendant un certain temps dans la direction générale nord-sud.

La 5ᵉ armée à l'aile marchante ne doit en aucun cas laisser l'ennemi saisir sa gauche ; les autres armées, moins pressées dans l'exécution de leur mouvement, pourront s'arrêter, faire face à l'ennemi et saisir toute occasion favorable pour lui infliger un échec.

Le mouvement de chaque armée doit toutefois être tel qu'il ne découvre pas les armées voisines, et les Commandants d'armée devront constamment se communiquer leurs intentions, leurs mouvements et leurs renseignements.

III. — Les lignes séparant les zones de marche des différentes armées sont les suivantes :

Entre la 5e *et la* 4e *armée* (détachement Foch) : route Reims-Épernay (à la 4e armée), route Montmort-Sézanne-Romilly (à la 5e armée).

Entre la 4e *et la* 3e *armée*, route Grandpré-Sainte-Menehould, Revigny (à la 4e armée).

Dans la zone affectée à la 4e armée, le détachement d'armée du général Foch se tiendra en liaison constante avec la 5e armée ; l'intervalle compris entre ce détachement et le gros de la 4e armée étant surveillé par les 7e et 9e divisions de cavalerie, relevant de la 4e armée et appuyées par des détachements d'infanterie fournis par cette armée.

La 3e armée effectuerait son mouvement à l'abri des Hauts-de-Meuse.

IV. — On peut envisager comme limite du mouvement de recul, et sans que cette indication implique que cette limite doive être forcément atteinte, le moment où les armées seraient dans les situations suivantes :

Un corps de cavalerie de nouvelle formation, en arrière de la Seine, au sud de Bray ;

5e armée en arrière de la Seine, au sud de Nogent-sur-Seine ;

4e armée (détachement Foch) en arrière de l'Aube, au sud d'Arcis-sur-Aube ;

4e armée (gros) en arrière de l'Ornain, à l'est de Vitry ;

3e armée (au nord de Bar-le-Duc).

La 3e armée serait, à ce moment, renforcée par les D. R. qui abandonneraient les Hauts-de-Meuse pour participer au mouvement offensif.

Si les circonstances le permettent, des fractions des 1re et 2e armées seraient rappelées en temps opportun pour participer à l'offensive ; enfin, les troupes mobiles du Camp retranché de Paris pourraient également prendre part à l'action générale.

Le Général Commandant en Chef,

Signé : JOFFRE.

P. A. *L'Aide Major général,*

Signé : BELIN.

. Q. GÉNÉRAL
DES
MÉES DE L'EST

—

État-major

3ᵉ Bureau

—

Nᵒ 3463

—

ÉTAT-MAJOR
DU
GOUVERNEMENT
MILITAIRE
DE PARIS

—

Arrivé
au Bureau
e la défense
4 sept. 1914

—

Enregistré
us le Nᵒ 800

—

Au Grand Quartier Général, le 2 sept. 1914.

NOTE POUR LES COMMANDANTS D'ARMÉE

Personnel et secret.

Le plan général d'opérations, qui a motivé l'envoi de l'instruction nᵒ 4, vise les points suivants :

a) Soustraire les armées à la pression de l'ennemi et les amener à s'organiser et à se fortifier dans la zone où elles s'établiront en fin de repli.

b) Établir l'ensemble de nos forces sur une ligne générale marquée par Pont-sur-Yonne, Nogent-sur-Seine, Arcis-sur-Aube, Brienne-le-Château, Joinville (1), sur laquelle elles se recompléteront par les envois des dépôts.

c) Renforcer l'armée de droite par deux corps prélevés sur les armées de Nancy et d'Épinal.

d) A ce moment, passer à l'offensive sur tout le front.

e) Couvrir notre aile gauche par toute la cavalerie disponible entre Montereau et Melun.

f) Demander à l'armée anglaise de participer à la manœuvre : 1ᵒ en tenant la Seine de Melun à Juvisy ; 2ᵒ en débouchant sur le même front lorsque la 5ᵉ armée passera à l'attaque.

(1) Par modification à la ligne indiquée au paragraphe 4 de l'instruction générale Nᵒ 4.

g) Simultanément, la garnison de Paris agirait en direction de Meaux.

Le Général Commandant en Chef,

Signé : JOFFRE.

P. A. *Le Major Général,*

Signé : BELIN.

<table>
<tr><td>GRAND QUARTIER
GÉNÉRAL
DES
ARMÉES DE L'EST
—
Etat-major
—
3e Bureau
—
N° 3308
—</td><td>Grand Quartier Général, le 2 septembre 1914.

*Le Général Commandant en chef
au Général Gouverneur militaire de Paris.*</td></tr>
</table>

Votre ordre général n° 1, du 1er septembre, prescrit que le corps de cavalerie du général Sordet passera sous vos ordres à une date qui sera précisée par le Général Maunoury.

J'ai l'honneur de vous faire connaître que ce corps de cavalerie ne doit pas faire partie de la garnison de Paris, et qu'il devra rentrer à ma disposition lorsque le groupe du général Ebener sera en mesure de remplir, dans la région à l'ouest de l'Oise, la mission que vous lui avez donnée, « et au plus tard, le 4 septembre ».

« J'en ai absolument besoin pour couvrir la gauche de mon groupe d'armées ».

Signé : JOFFRE.

GOUVERNEMENT
MILITAIRE
DE PARIS
—
État-major
—
2ᵉ Bureau
—

Paris, le 4 septembre 1914, 9 heures.

BULLETIN DE RENSEIGNEMENTS

De renseignements tous concordants, il résulte que la Iʳᵉ armée allemande, abandonnant la marche dans la direction de Paris, se dirige vers le Sud-Est, sauf peut-être le IVᵉ corps de réserve qui couvrirait le mouvement.

Dans la soirée du 3 septembre, elle a pu atteindre la Marne entre la Ferté-sous-Jouarre et Château-Thierry.

Le 2 septembre, le massif de Laon a été abordé par plusieurs colonnes ayant leur tête à l'est de Reims avec de nombreux parcs dans la région Le Chatelet, Juniville, Machault, Vouziers. Ces troupes appartiennent probablement à la IIIᵉ armée.

Les troupes de la IVᵉ armée sont signalées le même jour dans la région de Sainte-Menehould.

G. Q. GÉNÉRAL
DES
ARMÉES DE L'EST

État-major

3ᵉ Bureau

Nᵒ 3331

Au Grand Quartier Général, le 2 septembre 1914.

Le Général Commandant en chef,
à M. le Ministre de la Guerre.

J'ai reçu les propositions du Maréchal French que vous avez bien voulu me communiquer; elles tendent à organiser sur la Marne une ligne de défense qui serait tenue par des effectifs suffisamment denses en profondeur et particulièrement renforcés derrière le flanc gauche.

Les emplacements actuels de la 5ᵉ armée ne permettent pas de réaliser le programme tracé par le Maréchal French et d'assurer à l'armée anglaise en temps voulu une aide efficace sur la droite.

Par contre, l'appui de l'armée du général Maunoury, qui doit se porter à la défense des fronts nord-est de Paris, est toujours assuré à l'armée anglaise sur la gauche ; celle-ci pourrait dans ces conditions tenir sur la Marne pendant quelque temps, puis se retirer sur la rive gauche de la Seine qu'elle tiendrait de Melun à Juvisy ; les forces anglaises participeraient ainsi à la défense de la capitale et leur présence serait pour les troupes du Camp retranché un précieux réconfort.

Je dois ajouter que des instructions viennent d'être données aux armées en vue de coordonner leurs mouvements, et qu'il pourrait être désavantageux de modifier ces instructions ; elles tendent à placer nos troupes dans un dispositif leur permettant de prendre l'offensive dans un délai assez rapproché. La date de leur mouvement en sera communiqué au Maréchal French afin de permettre à l'armée anglaise de participer à l'offensive générale.

Le Général Commandant en Chef,
Signé : JOFFRE.

G. Q. GÉNÉRAL
DES
ARMÉES DE L'EST
—
État-major
—
3ᵉ Bureau
—
Nᵒ 3332
—

Au Grand Quartier Général, le 2 septembre 1914.

Le Général Commandant en chef
à M. le Maréchal French,
commandant en chef les forces anglaises.

Monsieur le Maréchal,

J'ai l'honneur de vous adresser mes remerciements pour les propositions que vous avez bien voulu soumettre au Gouvernement de la République, relatives à la coopération de l'armée anglaise, et qui m'ont été communiquées.

En raison des événements qui se sont passés depuis deux jours, je ne crois pas possible d'envisager actuellement une manœuvre d'ensemble sur la Marne avec la totalité de nos forces. Mais j'estime que la coopération de l'armée anglaise à la défense de Paris est la seule qui puisse donner un résultat avantageux, dans les conditions exposées par la lettre ci-jointe que j'adresse à M. le Ministre de la Guerre et dont j'ai l'honneur de vous faire parvenir la copie.

Veuillez agréer, Monsieur le Maréchal, l'expression de ma haute considération et de mes sentiments de cordiale camaraderie.

Signé : JOFFRE.

UVERNEMENT
MILITAIRE
DE PARIS
—
Etat-Major
—
3ᵉ Bureau
—
Nᵒ 650 D/3
—
Objet :
Cavalerie
à disposition
du Général
Maunoury
—

Paris, le 4 septembre 1914.

Le Général de Division Galliéni, Gouverneur Mili-
taire de Paris, à M. le Général Inspecteur des For-
mations de cavalerie du Camp retranché, 51 bis,
boulevard de Latour-Maubourg, Paris.

ORDRE PARTICULIER, Nᵒ 9

1ᵒ La 6ᵉ armée française est destinée à coopérer avec l'armée anglaise contre les forces allemandes signalées en marche vers le sud-est du camp retranché;

2ᵒ Il y a lieu dans ce but de renforcer le général Maunoury de toute la cavalerie disponible dans le Camp retranché;

3ᵒ En particulier, les deux escadrons de cuirassiers de Saint-Denis, mis hier à la disposition du général Ebener, ne se rendront pas à Triel, mais au Raincy, où ils se mettront aujourd'hui même à la disposition du général Maunoury (L'ordre nᵒ 642 D/3 d'hier 3 est annulé). Le général Ebener, le général Maunoury et le commandant d'armes de Saint-Denis sont avisés de cette disposition;

4ᵒ Toute la cavalerie ainsi passée à la 6ᵉ armée doit être munie de tous les moyens (vivres, etc.) lui permettant de faire campagne en dehors d'une place de guerre. Je vous prie de vous employer à l'en munir le plus tôt et dans les meilleures conditions possible.

P. O. P. Le Chef d'État-major,
Le Sous-Chef d'État-major,
Signé : GIRODON.

Q. GÉNÉRAL
DES
ÉES DE L'EST
—
État-major
—
3ᵉ Bureau
—
Nᵒ 3636
—

Au G. Q. G., le 4 septembre 1914, 2 h. 55.

*Le Général Commandant
en chef le Groupe des Armées du Nord-Est,
à M. le Gouverneur Militaire de Paris.*

En réponse à votre lettre nᵒ 622, du 3 septembre 1914, j'ai l'honneur de vous faire connaître qu'il n'est pas dans mes intentions d'associer les troupes territoriales du Camp retranché de Paris aux opérations des armées de campagne dans le voisinage de la place, en raison des faibles capacités manœuvrières de ces troupes.

Par contre, je me réserve de vous demander la participation des troupes actives et de réserve de la garnison à ces opérations, particulièrement pour agir dans la direction de Meaux, lors de la reprise de l'offensive prévue par l'Instruction nᵒ 4 et la Note nᵒ 3463 dont je vous adresse ci-joint un exemplaire.

Signé : JOFFRE.

TRADUCTION D'UN TÉLÉGRAMME CHIFFRÉ

*parvenu au Gouvernement Militaire de Paris
le 4 septembre 1914, à 14 h. 50.*

Date et heure du dépôt .   4 septembre, 13 heures.
Expéditeur . . . .   Général commandant en Chef.
Destinataire. . . . .   Gouverneur militaire de Paris.

Des deux propositions que vous m'avez faites relativement à l'emploi troupes général Maunoury, je considère comme la plus avantageuse celle qui consiste à porter la 6e armée sur la rive gauche de la Marne, au sud de Lagny. Voulez-vous vous entendre avec Maréchal commandant en chef armée anglaise pour l'exécution de ce mouvement.

Signé : JOFFRE.

Grand Quartier Général, 4 septembre 1914.

*Le Général Commandant en chef,
au Feld Maréchal Sir John French, Commandant
en chef les forces britanniques.*

Mon cher Maréchal,

Je viens de recevoir votre lettre du 3 septembre, et je tiens à vous adresser mes remerciements pour les sentiments cordiaux qu'elle renferme. Ils m'ont vivement touché.

Mon intention, dans la situation actuelle, est de poursuivre l'exécution du plan que j'ai eu l'honneur de vous communiquer et de n'engager le combat sur les lignes choisies que toutes forces réunies.

Au cas où les armées allemandes poursuivraient leur mouvement vers le sud sud-est, s'éloignant ainsi de la Seine et Paris, peut-être estimerez-vous comme moi que votre action pourrait s'exercer plus efficacement sur la rive droite de ce fleuve, entre Marne et Seine.

Votre gauche appuyée à la Marne, étayée par le Camp retranché de Paris, serait couverte par la garnison mobile de la capitale, qui se portera à l'attaque dans la direction de l'Est, par la rive gauche de la Marne.

J'ai l'honneur de vous confirmer la nouvelle que je vous avais annoncée hier de la nomination du général Franchey d'Espérey au Commandement de la 5e Armée. Je suis certain qu'il résultera de votre collaboration au combat les meilleurs résultats.

Croyez-moi, mon cher Maréchal, votre très sincèrement dévoué,

JOFFRE.

Le colonel Huguet
à M. le Gouverneur Militaire de Paris.

Melun, 4 septembre, 8 h. 15.

J'ai l'honneur de vous envoyer le capitaine Bastidon, porteur du message que je viens d'envoyer au G. Q. G.

Melun, 4 septembre, 8 heures.

Maréchal qui, hier après-midi, semblait très désireux de se porter vers l'est, pour dégager gauche 5e armée, a modifié ses décisions sous l'influence des conseils de prudence qui lui ont été donnés par son chef d'État-Major.

Les troupes auront en principe repos aujourd'hui, mais devront se tenir prêtes à partir au premier signal pour commencer leur retraite derrière la Seine.

Le mouvement s'exécutera en trois étapes, la première amenant les arrière-gardes sur le front Mauperthuis (sud de Coulommiers), Faremoutiers, Tigeaux, Chanteloup.

Si la 6e armée débouchait de Paris dans la direction de l'est, l'armée anglaise serait encore en état de l'appuyer à droite.

Mais si la gauche de la 5e armée était trop fortement rejetée vers l'est, ou si l'avance devenait trop prononcée, l'armée anglaise serait obligée de continuer ce mouvement de retraite sur la rive gauche de la Seine tenant Corbeil par sa gauche, Melun par sa droite.

Le G. Q. des Anglais reste aujourd'hui 4 à Melun.

ᵢᴱᴱꜱ ᴅᴇ ᴘᴀʀɪꜱ

Paris, le 4 septembre 1914, 10 h. 30.

'tat-major

3ᵉ Bureau   ORDRE GÉNÉRAL Nº 5

I. — Tous les renseignements concordent à démontrer que les gros de la première armée allemande qui faisaient face jusqu'ici à la 6ᵉ armée se sont orientés vers le Sud-Est. Ces colonnes importantes ont été signalées hier soir se dirigeant sur la Marne pour la franchir entre la Ferté-sous-Jouarre et Château-Thierry. Ce mouvement paraît nettement dirigé contre la droite anglaise et la gauche de la 5ᵉ armée française. Une colonne allemande qui paraît constituer la droite allemande était aujourd'hui en marche de Nanteuil-le-Haudouin sur Meaux ou Lizy-sur-Ourcq.

Dans ces conditions, Paris cessant d'être menacé, toutes les forces mobiles de l'Armée de Paris doivent manœuvrer de manière à conserver le contact avec l'armée allemande et à la suivre pour se tenir prêtes à participer à la bataille à prévoir.

L'armée anglaise a fait connaître qu'elle se préparait à agir dans le même sens.

II. — La 6ᵉ armée poussera des reconnaissances de cavalerie dans les directions de Chantilly, Senlis, Nanteuil-le-Haudouin, Meaux et Lizy-sur-Ourcq. Des dispositions sont prises pour renforcer la cavalerie de la 6ᵉ armée de tous les éléments disponibles.

III. — Demain, la 6e armée se mettra en mouvement dans la direction de l'est en se maintenant sur la rive droite (Nord) de la Marne, de manière à 'amener son front à hauteur de Meaux et à être prête à attaquer le 6 au matin en liaison avec l'armée anglaise qui attaquera sur le front Coulommiers-Changis.

IV.—En vue de cette marche vers l'est, la 6e armée sera renforcée successivement des éléments ci-après :

45e Division passe dès maintenant sous les ordres du Général Maunoury,

4e Corps d'armée se tiendra prêt à suivre le mouvement de la 6e armée, au fur et à mesure qu'une division aura débarqué en totalité. Le passage sous les ordres du général Maunoury sera réglé par ordres particuliers.

V. — La garde du Camp retranché restera assurée par sa garnison de défense normale renforcée du Groupe de divisions de réserve Ebener.

Le général commandant la 85e division territoriale reprendra, à la date du 5, le commandement de la région Est, en totalité, et disposera de tous les éléments de sa division.

Le groupe de divisions de réserve Ebener sera amené dans l'intérieur du Camp retranché. Une division se transportera dans la région du Mesnil-Amelot, de manière à l'atteindre le 6 ; cette division cantonnera le 5 dans la région Attainville, Le Mesnil-Aubry, Marcil-en-France, Villiers-le-Sec (Q. G.) et Villaines.

L'autre division du groupe Ebener passera en

réserve générale. Elle viendra, le 6, cantonner dans une zone qui lui sera indiquée ultérieurement.

A la date du 6, le général Ebener prendra le commandement dans l'intervalle nord-est, il disposera de la 92° division territoriale. Cette division assurera la garde de cet intervalle entre le départ de la 6° armée et l'arrivée de la division de réserve.

Rien de changé dans la région nord (général Mercier-Milon) et dans la zone sud (général Michel).

Toutefois, en raison du départ du groupe de divisions de réserve Ebener, la liaison entre la région nord et la zone sud et la surveillance sur la rive droite de l'Oise seront plus étroitement assurées. On tiendra compte de ce qu'un gros de cavalerie allemande a été signalé du côté de Beauvais, que des patrouilles de uhlans ont été vues aujourd'hui non loin de Pontoise et que, par suite du départ du corps de cavalerie Sordet qui se trouvait établi sur la Seine en aval de Paris, il n'est pas impossible que des patrouilles ennemies passent la Seine et se montrent sur notre front ouest.

VI. — Les travaux de défense du Camp retranché seront poussés avec la plus grande activité possible.

VII. — Le Quartier Général du Gouverneur fonctionne à partir d'aujourd'hui au lycée Duruy, boulevard des Invalides.

Le Général commandant
les Armées de Paris,
Signé : GALLIÉNI.

P. O. P. *Le Chef d'État-major,*
  Signé : GIRODON.

ARMÉES DE PARIS

État-major

3e Bureau

Secret

Paris, le 4 septembre 1914.

Le Général de division Galliéni, Commandant les Armées de Paris, à M. le Général Commandant la 6e Armée, Le Raincy.

ORDRE PARTICULIER N° 17

ORDRE PRÉPARATOIRE. { Confirmation d'un message téléphoné le 4 septembre à 22 heures.

Le Général en chef vient de téléphoner ce qui suit :

La 5e armée, l'armée anglaise, la 6e armée attaqueront le 6 au matin, dans les directions suivantes :

5e armée, sur le front Courtacon (10 km. S. de la Ferté-Gaucher) Sézanne.

Armée anglaise, sur le front Coulommiers-Changis (11 km. à l'est de Meaux).

6e armée, au nord de la Marne, dans la direction de Château-Thierry.

En conséquence, les ordres donnés verbalement sont modifiés seulement en ce sens que la 6e armée orientera demain ses colonnes en se maintenant sur la rive droite de la Marne de manière à atteindre environ le méridien de Meaux.

On rappelle le renseignement recueilli ce soir par un avion anglais qu'un gros rassemblement a été constaté entre Douy-la-Ramée et Barcy et un pont jeté par les Allemands près de Trilbardou.

P. O. P. *Le Chef d'Etat-major,*
Signé : MAUMET.

Sénat
—

Paris, 4 septembre 1914.
Boulevard Delessert, 15, Tél. 678-76.

Mon cher Général,

Je viens vous faire un amical et pressant appel.

Puisque les choses de la politique ont tourné de telle sorte que je n'ai pu participer au pouvoir, à l'heure seule où le pouvoir est tentant, donnez-moi, je vous prie, la possibilité d'agir, de travailler à la chose publique.

Appelez-moi près de vous à un titre quelconque.

Par exemple, créez à votre Cabinet un service ou un secrétariat des affaires civiles, et appelez-moi à le diriger.

Je vous débarrasserai des broutilles, dans la mesure où vous le déciderez, et je vous préparerai les éléments de solution des affaires importantes.

Je sais commander ; je saurai donc obéir.

Et puis, ce qui me fait vous demander cela avec insistance, c'est que la défense de Paris peut devenir difficile, que les heures tragiques peuvent arriver et que je voudrais pouvoir tomber, en service, à côté de vous, et non comme un badaud qui va voir où pleuvent les coups.

Si vous prenez tout de suite une décision favorable,

envoyez-moi simplement un ordre. Sinon, donnez-moi
l'occasion de vous voir.

Votre tout dévoué,

Signé : Paul DOUMER.

Il va sans dire que si je suis appelé au Gouvernement militaire, j'y consacrerai tous mes instants et ne
m'occuperai plus de rien autre.

N° 1

TÉLÉGRAMME AU GOUVERNEMENT

M. Paul Doumer insiste vivement pour que je lui
donne une haute fonction civile sous mes ordres. Il
s'occuperait énergiquement d'organisation et de
ravitaillement par exemple. Y voyez-vous un inconvénient?

4 septembre 1914.

TÉLÉGRAMME

De Bordeaux, 5 septembre, 10 h. 15, 01044,
Reçu le 5/9 à 12 h. 30 soir.

Ministre Guerre à Gouverneur militaire Paris.

M'en rapporte entièrement à vous du soin de confier haute mission civile M. Doumer et vous laisse
toute liberté sur ce point.

Cabinet
u Préfet
. la Seine

Monsieur le Gouverneur,

Je vous remercie bien vivement de votre communication relative à la constitution de votre Cabinet civil.

Je suis heureux de pouvoir collaborer avec vous et M. Doumer à l'œuvre commune, et je vous assure à nouveau de mon concours le plus dévoué.

Je vous prie, Monsieur le Gouverneur, d'agréer l'expression de mes sentiments de très haute considération.

Signé : DELANNEY.

Paris, le 5 septembre 1914.

———

De Bordeaux, par téléphone, 5/9 14, 12 h. 45.

Président Conseil à Gouverneur militaire Paris.

Ce télégramme est le second. Si vous jugez indispensable le concours que vous avez indiqué, le Gouvernement, après vous avoir fait apparaître les conséquences possibles, vous laisse toute la responsabilité de votre choix, parce que vous devez avoir toute l'autorité. Compte néanmoins que la personne que vous placerez sous vos ordres n'exercera aucune autorité sur les préfets et autres fonctionnaires, qu devront collaborer ensemble sous votre autorité directe.

Signé : René VIVIANI.

Communiquer immédiatement à Monsieur le général Galliéni.

Cette dépêche sera chiffrée et transmise télégraphiquement comme d'habitude.

Melun, le 5 septembre 1914, 11 heures.

Le Colonel Huguet, chef de la Mission française attachée au Corps expéditionnaire anglais, à Monsieur le Gouverneur militaire de Paris.

J'ai l'honneur de porter à votre connaissance la décision prise par le maréchal French pour sa coopération aux opérations de demain 6.

Il est décidé à se conformer aux dispositions de l'ordre général n° 6, avec toutefois la modification suivante :

A la suite de l'entrevue d'hier où la coopération de la 6e armée et de l'armée anglaise avait été décidée au sud de laMarne, ordre avait été donné à cette armée de se porter sur la ligne Ozoir-la-Ferrière, Tournan, Ormeaux, de manière à dégager le terrain pour le débouché de la 6e armée.

Ce mouvement a été exécuté cette nuit et a été achevé ce matin vers 7 heures.

Dans ces conditions, il n'est pas possible à l'armée anglaise d'occuper demain 6 en temps voulu la ligne Coulommiers-Charny qui lui a été fixée.

Elle va s'en rapprocher autant que possible et sera à cet effet disposée demain 6 sur la ligne générale suivante :

1er Corps : Pézarches (nord de Rozoy), Courpelay (s. de Rozoy).

2º Corps : de Tigeaux à La Houssaye (un échelon à gauche).

4e Division : à Bailly Romainvilliers (un échelon à gauche).

Cavalerie : en avant du front de la Haute-Maison à Coulommiers et Jouy-le-Châtel où elle cherchera la liaison avec le corps de cavalerie du général Conneau.

M. le Général Maunoury étant venu voir le Maréchal ce matin, et lui ayant fait connaître que ses têtes de colonne s'arrêteraient ce soir à Monthyon (divisions de réserve) et à Eve (7e corps) et déboucheraient sur l'Ourcq demain 6 vers 9 heures, l'armée anglaise sera sur la ligne générale ci-dessus demain vers 8 heures.

Elle se portera à l'attaque lorsque la 6e armée lui aura fait connaître qu'elle commence à déboucher de l'Ourcq, le Maréchal tenant à se maintenir un peu en arrière de la 6e armée.

La direction générale de l'attaque sera Rebais.

Le Général Joffre vient de faire savoir qu'il serait à Melun aujourd'hui 5, à 14 heures, pour remercier personnellement le Maréchal de la décision qu'il a prise.

M. le Général Maunoury est au courant de ces dispositions.

J'ai l'honneur de vous adresser, en même temps que cette lettre qui vous sera remise par le lieutenant de réserve Gerschell, un exemplaire d'un dictionnaire chiffré F. E. qui, d'après les ordres du G. Q. G., doit servir pour les communications entre l'armée anglaise et la 6ᵉ armée, et que je vous serais reconnaissant de vouloir bien faire parvenir à M. le Général Maunoury, dont j'ignore l'emplacement du Q. G., ce soir.

Signé : HUGUET.

...MÉES DE PARIS

État-major

3e Bureau

N° 718 D/3

Paris, le 6 septembre 1914.

TÉLÉGRAMME

Gouverneur militaire de Paris, à Maréchal French.

6e armée a entamé ce matin offensive vers l'est dans conditions convenues. A 9 heures, son front arrivait à hauteur de Meaux sur ligne Chambry, Barcy, Gesvres, Forpy, Assery. Général Maunoury rencontre résistance sérieuse et croit avoir devant lui tout le IVe corps de réserve. En outre, il signale que 2 colonnes ennemies chacune d'une division remontent du sud et atteignent la Marne vers Varreddes et Lizy à 9 heures.

Opération en bonne voie.

Pour étayer encore davantage notre offensive, je donne dès maintenant au général Maunoury tous les moyens dont je dispose. Mais il est indispensable que l'action de la 6e armée ne reste pas isolée et que les Allemands ne puissent pas ramener contre elle les éléments qui se trouveront en face de l'armée anglaise.

En conséquence, je prie instamment Maréchal French de bien vouloir de son côté porter son armée en avant conformément aux directives du général Joffre, de manière que l'offensive générale prévue aujourd'hui soit bien générale et pour qu'il y ait entre les diverses armées une concordance qui seule peut assurer un succès décisif.

Signé : GALLIÉNI.

GRAND QUARTIER
GÉNÉRAL
DES
ARMÉES DE L'EST
—
État-major
—
3ᵉ Bureau
—

A......, le 6 septembre 1914.

COPIE D'UN TÉLÉGRAMME CHIFFRÉ Nº 4039

*Commandant en chef à Général
commandant 6ᵉ armée, Le Raincy.*

Il est du plus haut intérêt que vous restiez en liaison constante avec le Maréchal commandant en chef les troupes britanniques et que vous vous conformiez dans la mesure de vos moyens aux demandes qu'il pourrait vous adresser pour assurer la coordination des efforts des deux armées alliées. Il est essentiel en particulier que vous appuyiez constamment de façon efficace la gauche de l'armée britannique.

Signé : JOFFRE.

A chiffrer
—
Nº 738/D/3
—

TÉLÉGRAMME

7 septembre 1914, à   heures.

Général en chef Châtillon-sur-Seine.

Reçu communication de votre télégramme nº 39. Avais déjà donné ordres dans le même sens connaissant état d'esprit de nos voisins. Général Maunoury a porté toute la 8ᵉ division au sud de la Marne pour coller étroitement à gauche anglaise. Mais j'ai l'impression que Maréchal French s'inquiète surtout de l'intervalle qui existe à sa droite entre lui et la 5ᵉ armée.

TRADUCTION D'UN TÉLÉGRAMME CHIFFRÉ

*Adressé par le Gouverneur Militaire de Paris
au Ministre de la Guerre
et au Général Commandant en chef.*

Le 7 septembre 1914.

N° 740 D /3.

Dans journée du 6, général Maunoury sérieusement engagé en avant sur l'Ourcq contre 4ᵉ corps de réserve appuyé par artillerie lourde, bientôt renforcé par IIᵉ corps allemand actif, remonté du sud au nord de la Marne. Les a refoulés sur tout son front. En fin de journée, son front n'était plus qu'à une dizaine de kilomètres de l'Ourcq, droite vers Chambry, gauche à Béty. Une division et demie encore intacte. Il poursuivra aujourd'hui son offensive et s'efforcera de franchir le fossé de l'Ourcq. A cet effet, je l'ai renforcé de la 8ᵉ division du 4ᵉ corps et de la 61ᵉ division de réserve du groupe Ebener. L'ennemi paraît avoir été assez éprouvé dans la journée du 6. De notre côté, pertes sensibles, mais sans exagération. État des troupes bon. A notre droite, armée anglaise a bordé ligne du Grand Morin, de Villiers-sur-Morin, par Coulommiers à Marolles-en-Brie. Elle a eu un engagement de cavalerie heureux à sa droite. Elle paraît avoir peu de choses devant elle, probablement le 4ᵉ corps vers Rebais. La 6ᵉ armée en liaison étroite avec elle.

Sept. 6/1914.   Melun.

My dear general,

As the field marshal is still away I wish to say that we have advanced again and will to night be on a N.W. — S.E. line through Coulommiers which means a general direction of march a little north of Rebais.

I hope this will meet with your wishes. A message this moment received from the 5e army says they have been successful all along the line.

I have the honour to be

Your obedient servant

Signé : Henry WILSON.
(General of division),
Sub-Chief of general staff.

Voir l'original ci-contre :

Melun, le 6 septembre 1914.

Mon cher Général,

Comme le Field-marshal (le Maréchal French) est toujours absent je désire vous informer que nous avons avancé encore et serons ce soir sur une ligne nord-ouest-sud-est par Coulommiers ce qui représente une direction générale de marche un peu au nord de Rebais.

J'espère que cela sera conforme à vos désirs. Un message reçu à l'instant de la 5e armée dit qu'elle a réussi sur toute la ligne.

J'ai, etc...

Signé : Général Henry WILSON.

Paris, le 7 septembre 1914.

Monsieur le Maréchal,

Je sais que vous êtes en liaison intime avec le général Maunoury auquel je m'occupe d'envoyer tous les renforts à ma disposition. Pour tenir compte de la nécessité de bien couvrir votre flanc gauche, le général Maunoury fait diriger sur la rive gauche de la Marne la 8e division d'infanterie.

J'ai la conviction absolue qu'avec les forces dont dispose le général Maunoury et étant donné nos positions concentriques autour des forces allemandes, que nous avons en face de nous, notre opération d'ensemble doit être couronnée de succès si nous concourons tous bien vers le but final. Je tiens à vous exprimer ma propre reconnaissance pour le concours si efficace que vous nous avez donné hier, et en ce qui me concerne, soyez assuré que je mets tous mes efforts pour obtenir ce résultat.

Signé : GALLIÉNI.

GENERAL
HEAD QUARTERS
—
British Forces
—
sept, 7/1914
—

My dear General,

I thank you very much for your very kind letter.
I agree with you that the situation looks very hopeful.
My troops are advancing and are now slightly N.-E.
of Coulommiers.   I have sent all my available cavalry
forward reinforced by some batteries of field artillery
to hunt energetically whoever they find the enemy.
Unfortunately the enemy seems to be retreating very
quickly.

However we will hunt them as hard as we can.

I agree with you that the situation looks very
hopeful.

Believe me, my dear general
Yours most sincerely.

Signé : FRENCH.

I note what you are good enough to tell me about
the 6ᵉ corps and my left flank.

Arrivé à 13 heures, le 7/0 14.

Grand Quartier général des Forces britanniques,
7 septembre 1914.

Mon cher Général,

Je vous remercie beaucoup de votre très aimable lettre. Je partage votre sentiment que la situation paraît pleine d'espérance. Mes troupes avancent et sont maintenant légèrement N.-E. de Coulommiers. J'ai envoyé en avant toute ma cavalerie disponible, renforcée de quelques batteries d'artillerie de campagne, pour pourchasser énergiquement l'ennemi n'importe où elle le rencontrera.

Malheureusement, l'ennemi semble battre en retraite très vite. Quoi qu'il en soit, nous allons le poursuivre aussi durement que possible.

Je partage votre sentiment que la situation paraît pleine d'espérance.

Croyez-moi, mon cher général, à vous, très sincèrement.

Signé : FRENCH.

Je note ce que vous avez la bonté de me dire au sujet du 6e corps et de mon flanc gauche.

TRADUCTION D'UN TÉLÉGRAMME CHIFFRÉ

*parvenu au Gouverneur militaire de Paris
le 7 septembre 1914, à 8 heures 30.*

Lieu d'origine : Raincy.
Date et heure de dépôt : 7 septembre, 5 h. 15.
Expéditeur : Commandant armée Raincy.
Destinataires. { Général Commandant en Chef.
{ Gouverneur militaire de Paris.

J'ai repris l'offensive ce matin. J'ai enlevé Saint-Soupplets et Monthyon au petit jour. Plusieurs centaines de prisonniers et bon nombre de caissons pris. Parvenu en fin de journée sur la ligne Chambry-Puisieux-Acy-en-Multien. J'ai affaire depuis hier au 4ᵉ corps réserve renforcé ce matin à partir de 10 heures par un corps actif, peut-être le 2ᵉ, venant de Coulommiers, lequel a tenté en fin de journée de tourner ma gauche vers Étavigny. Je reprends l'offensive demain matin et chercherai moi-même l'enveloppement avec 61ᵉ division transportée par voie ferrée et avec corps de cavalerie entier. J'étais pleinement engagé quand j'ai reçu chiffré 4039. Pour m'y conformer dans la mesure de mes moyens, j'envoie par marche de nuit 8ᵉ division 8... sud Meaux, avec mission de coopérer étroitement avec armée anglaise par rive du Grand Morin.

TRADUCTION D'UN TÉLÉGRAMME CHIFFRÉ

*adressé par le Gouverneur militaire de Paris
au Général commandant en chef le 7 septembre 1914.*

N° 740 D/3

Je rentre de voir Général commandant la 6° armée. La situation à 16 heures est la suivante :

6° armée continue à progresser vers l'Ourcq malgré résistance acharnée de IV° corps réserve et II° corps allemand. Front atteint : Chambry, Barcy, Marcilly, Crête au nord-ouest de Brunoy, Puisieux, Acy-en-Multien, Crête ouest d'Étavigny. A ce moment, une attaque générale commence pendant que 61° division de réserve atteint Villers-le-Grand et que corps de cavalerie atteint Bargny et se porte sur Cuvergnon. Au sud de la Marne, 8° division, assurant liaison avec armée anglaise, est restée peu active.

La 7° division, débarquée presque entièrement ce soir à Paris, va être immédiatement transportée moitié par chemin de fer, moitié par autos et taxi-autos sur Nanteuil-le-Haudouin, où elle arrivera dans la nuit et sera disponible dès l'aube pour continuation des opérations.

Les IV° corps de réserve et II° allemand ont de gros rassemblements sur la rive gauche de l'Ourcq vers Lizy-sur-Ourcq, Crouy et Montigny-l'Allier.

Toutes les routes partant du front de la 5° armée

et se dirigeant sud-nord sont signalées comme parcourues par longues colonnes sur la Marne.

Ministre Guerre me demande constamment renseignements sur situation.

Je réponds que vous vous réservez de lui donner vous-même.

GRAND QUARTIER
GÉNÉRAL

Élat-major
3e Bureau

N° 4161

.7 septembre 1914, 17 h. 20.

ORDRE GÉNÉRAL N° 7

La 1re armée allemande semble se replier vers le N.-E. devant les efforts combinés des armées alliées de gauche.

Celles-ci doivent suivre l'ennemi avec l'ensemble de leurs forces, de manière à conserver toujours la possibilité d'enveloppement de l'aile droite allemande.

La marche s'exécutera donc d'une manière générale dans la direction du N.-E., dans un dispositif qui permette d'engager la bataille si l'ennemi marque un temps d'arrêt, et sans lui laisser le temps de s'organiser solidement.

A cet effet, la 6e armée gagnera successivement du terrain vers le nord, sur la rive droite de l'Ourcq.

Les forces britanniques chercheront à prendre pied successivement au delà du Petit Morin, du Grand Morin et de la Marne.

La 5ᵉ armée accentuera le mouvement de son aile gauche et emploiera ses forces de droite à soutenir la 9ᵉ armée. Cette dernière s'efforcera de tenir sur le front qu'elle occupe, jusqu'au moment où l'arrivée des forces réservées de la 4ᵉ armée, sur sa droite, lui ' rmettra de participer au mouvement en avant.

Limites des zones d'action entre la 5ᵉ armée et et l'armée W : Dugny, Saint-Rémy, Sablonnières, Houdevilliers, Nogent-l'Artaud, Château-Thierry (cette route à l'armée W).

Signé : JOFFRE.

____

MÉES DE PARIS

État-major

3ᵉ Bureau

Nᵒ 739 D/3

Paris, le 7 septembre 1914.

TÉLÉGRAMME

Général Galliéni, Commandant les armées
de Paris, à Général Maunoury
commandant 6ᵉ armée, Le Raincy.

Je reçois télégramme du Général en Chef me disant qu'en raison de votre éloignement il vous adresse désormais directement ses instructions. Il est bien entendu que vous devez me tenir exactement au courant de vos mouvements, de votre situation, de vos projets.

Signé : GALLIÉNI.

ARMÉES DE PARIS

État-major

3° Bureau

Paris, le 8 septembre 1914, 18 h. 45.

Le Général de division Galliéni,
Commandant les armées de Paris,
à M. le Général Commandant la 6° Armée.

L'ennemi a senti le danger que votre offensive constituait pour son flanc. Insufflsamment accroché sur son front, il a pu ramener en face de vous dans les journées du 7 et du 8 des forces importantes, en sorte que vous avez probablement en face de vous actuellement de 2 à 3 corps d'armée.

Dans ces conditions, il est possible que votre offensive se trouve enrayée.

Mais, **dans** votre position actuelle, vous fixez l'ennemi, vous le retenez face à l'Ouest, tandis qu'au Sud l'arrivée de l'armée anglaise sur la Marne constitue pour lui un danger nouveau.

Il est donc essentiel que demain vous vous mainteniez sur vos positions, en vous accrochant au terrain avec la dernière énergie.

Il me paraît probable que l'ennemi qui vient également de déployer un effort considérable pour vous contenir et a dû exiger de ses troupes une dépense d'énergie énorme soit en mesure de vous attaquer vigoureusement demain. Néanmoins, pour parer à tout imprévu et vous étayer en arrière, je porte la 62° D. R. à Dammartin-Montge, prête à vous servir de soutien éventuel en cas de repli.

Cette division sera rendue dans la région de Dammartin-Montge en rassemblement articulé à 6 heures.

Vous aurez à lui envoyer vos ordres au sujet de la position exacte où vous désirez la voir établie, vous pourrez si vous le jugez utile d'après votre connaissance du terrain lui faire avancer l'épaule vers le Plessis-Belleville, ou au contraire la ramener plus à droite vers Monthyon.

Mais, l'obligation où je suis d'assurer, quoi qu'il advienne, la garde du Camp retranché, ne me permet de vous la donner que comme repli éventuel et je ne puis pas vous autoriser à la porter en avant comme renfort en vue d'une reprise de l'offensive.

Le Général commandant
les Armées de Paris.

Signé : GALLIÉNI.

ARMÉES DE PARIS

État-major

3ᵉ Bureau

Nᵒ 704 D/3

Secret

Paris, le 9 septembre 1914, 23 heures.

ORDRE GÉNÉRAL Nᵒ 7

I. — Après 4 journées de bataille, pendant lesquelles elle a contenu 3 corps d'armée ennemis, la 6ᵉ armée a été obligée à la fin de la journée du 9 septembre d'infléchir sa gauche en arrière devant la menace d'un débordement de troupes venant de Villers-Cotterets et Nanteuil-le-Haudouin.

A la fin de cette même journée, elle occupait la ligne générale Silly-le-Long, Chèvreville, Puisieux, Étrepilly.

II. — En vue d'assurer la sûreté du C. R. et de parer à toute éventualité, toutes les troupes de la défense devront être demain à 6 (six) heures sur leurs emplacements de combat.

La brigade de fusiliers marins et les deux bataillons et demi disponibles du 1er et du 4e zouaves formeront une réserve générale à la disposition du Gouverneur.

Cette réserve, sous le commandement de l'Amiral Ronarc'h, sera rassemblée à 9 (neuf) heures, dans le ravin de la Morée, en formation articulée, face au nord : les fusiliers marins entre Dugny et la Grand' Route, les zouaves entre Le Blanc-Mesnil et la même route.

III. — La brigade de spahis se portera dans la journée de Choisy-le-Roi dans la région de Bondy, Bobigny, Drancy, où elle cantonnera.

IV. — Poste de commandement : Lycée Victor-Duruy.

Le Général commandant
les Armées de Paris,

Signé : GALLIÉNI.

P. O. P. Le Chef d'État-major,
Le Chef du 3e Bureau,

Signé : MOREIGNE.

Paris, le 10 septembre 1914.

Le Général de division Galliéni
à M. le Général Commandant la 6ᵉ armée.

En vous transmettant la lettre ci-jointe du Général Commandant en chef, je suis heureux d'ajouter, au témoignage de satisfaction qu'elle constitue, mes propres félicitations et mes remerciements pour vous et vos troupes.

Signé : GALLIÉNI.

(Voir la lettre visée ci-dessous.)

Q. GÉNÉRAL
DES
MÉES DE L'EST
—
État-major
—
3ᵉ Bureau
—
Nᵒ 4525
—

Au G. Q. G., le 9 septembre 1914.

Le Commandant en chef
au Général Commandant la 6ᵉ armée.

J'ai été tenu heure par heure au courant des combats opiniâtres livrés depuis trois jours par l'armée que vous commandez et des efforts surhumains imposés à vos troupes.

En maintenant sur le front de l'Ourcq une notable partie des forces allemandes, vous avez obtenu un immense avantage qui permet aux opérations des armées alliées de se développer dans le sens que je désire.

Je tiens à vous exprimer personnellement ma satisfaction et vous prie de la transmettre à toutes les troupes placées sous vos ordres.

Signé : JOFFRE.

Message téléphoné

Reçu du G. Q. G. le 11 sept. 1914, à 20 h. 30.

Général Commandant en chef
à Général Gouverneur militaire de Paris.

La bataille qui se livre depuis cinq jours s'achève en une victoire incontestable ; la retraite des Ire, IIe et IIIe armées allemandes s'accentue devant notre gauche et notre centre. A son tour, la IVe armée ennemie commence à se replier au nord de Vitry et de Sermaize. Partout l'ennemi laisse sur place de nombreux blessés et des quantités de munitions. Partout on fait des prisonniers ; en gagnant du terrain, nos troupes constatent les traces de l'intensité de la lutte et de l'importance des moyens mis en œuvre par les Allemands pour essayer de résister à notre élan. La reprise vigoureuse de l'offensive a déterminé le succès.

Tous, officiers, sous-officiers et soldats, avez répondu à mon appel. Tous avez bien mérité de la Patrie.

JOFFRE.

ORDRE GÉNÉRAL Nº 9

Nº 846 D/3

Le Gouverneur militaire de Paris est heureux de porter ce télégramme à la connaissance des troupes sous ses ordres.

Il y ajoute ses propres félicitations pour l'armée de Paris, en raison de la participation qu'elle a prise aux opérations.

Il félicite aussi les troupes du Camp retranché de l'effort qu'elles ont donné pendant cette période, effort qui doit continuer sans relâche.

Paris, le 12 septembre 1914.

Le Général de Division commandant
les Armées de Paris.

Signé : GALLIÉNI.

ARMÉES DE PARIS
—
État-major
—
3e Bureau
—
No 822 D/3

Paris, le 10 septembre 1914.

Le Général de division Galliéni, Commandant les armées de Paris, à M. le Général commandant la 6e armée.

ORDRE PARTICULIER No 36

Pour vous permettre de poursuivre votre offensive avec le maximum de moyens, j'ai décidé de mettre la 62e D. R. et l'État-Major du 6e groupe de Divisions de réserve à votre disposition. Vous disposerez dès maintenant du 6e groupe de Divisions de réserve en totalité.

En outre, je mets à votre disposition la brigade de spahis qui vient d'arriver à Paris. Cette brigade, commandée par le colonel de Bouillon, sera rendue demain 11 septembre à 11 heures à Survilliers, où elle attendra vos ordres.

Je crois devoir appeler votre attention sur l'opportunité d'employer cette brigade loin de la zone d'opérations de l'armée anglaise, afin d'éviter toute confusion de la part de ces cavaliers indigènes, mal au courant des divers uniformes.

Vous devrez, par contre, me renvoyer les batteries de sortie et tous les organes automobiles, sauf les auto-mitrailleuses que vous pourrez conserver. Je suis cependant disposé à fournir à votre D. E. S. tous les moyens de transport automobiles nécessaires pour l'assainissement du champ de bataille.

En outre, vous me renverrez la brigade provisoire de cavalerie Gillet, qui n'est pas en état de participer à des opérations actives prolongées et dont j'ai besoin pour assurer mes liaisons avec le corps du général d'Amade.

P. O. P. *Le chef d'Etat-major,*

Signé : GIRODON.

Notifié à M. le général commandant le 6e groupe de divisions de réserve.

Notifié à titre de renseignement au général inspecteur des formations de cavalerie du C. R.

ARMÉES DE PARIS

État-major

3ᵉ Bureau

Nᵒ 823 D/3

Paris, le 10 septembre 1914.

Le Général de division Galliéni, commandant les armées de Paris, à M. le Colonel commandant la brigade de marche des spahis, Bondy.

ORDRE PARTICULIER Nᵒ 37

Pour permettre au général Maunoury, commandant la 6ᵉ armée, de poursuivre son offensive avec le maximum de moyens, la brigade de spahis commandée par le colonel de Bouillon est mise, à dater de demain, à son entière disposition.

Elle sera rendue demain 11 septembre à 11 heures à Survilliers sur la route de Paris à Chantilly, où elle recevra les ordres du général commandant la 6ᵉ armée.

P. O. P. *Le Chef d'Etat-major,*

Signé : GIRODON.

Notifié à titre de renseignement au Général inspecteur des formations de cavalerie du C. R.

TRADUCTION D'UN TÉLÉGRAMME CHIFFRÉ

*parvenu au Gouverneur Militaire de Paris
le 11 septembre 1914, à 18 h. 5.*

Date et heure de dépôt : 11 septembre, 16 h. 20.
Expéditeur : Général commandant en Chef.
Destinataire : Gouverneur Militaire de Paris.

Nº 4793.

En raison situation 6ᵉ armée qui s'éloigne chaque
jour davantage du Camp retranché de Paris, cette
armée recevra désormais des ordres directs du Commandant en chef. Gouverneur militaire de Paris
continuera à être tenu au courant des instructions
d'ensemble données à cette armée.

GOUVERNEMENT
MILITAIRE
DE PARIS
—

Paris, le 8 septembre 1914.

Monsieur le Ministre,

Le général Joffre m'a prévenu de ne plus communiquer moi-même de renseignements sur les opérations ni au gouvernement à Bordeaux, ni à la presse ; je crois que cela vaut mieux ainsi, car il est mieux placé pour savoir ce qu'il faut et ce que l'on peut dire. C'est donc à titre confidentiel et personnel que je vous envoie les renseignements ci-joints.

En somme, jusqu'à minuit, la situation semble assez favorable de notre côté. Elle se résume ainsi : la 6ᵉ armée (2 divisions de réserve de Lamaze, 1 division 7ᵉ corps, 1 brigade marocaine, 2 divisions de réserve Ebener) s'était repliée un peu hâtivement et avec de nombreux éléments en fort mauvais état, vers le Camp retranché de Paris, craignant d'en être coupée par la marche rapide des Allemands vers la Marne et au delà. Je me suis occupé, avec les ressources très médiocres d'ailleurs que j'ai pu trouver ici, de lui envoyer officiers, hommes, chevaux, etc. Puis, pensant que nous avions une bonne occasion de coincer les six corps allemands qui, depuis si longtemps, accrochaient notre aile gauche (5ᵉ armée), à défaut d'indications nettes du G. Q. G. j'ai aiguillé cette armée sur notre front est, avec objectif général l'Ourcq. Mais pour que l'action combinée pût réussir, il était indispensable que l'armée anglaise prît elle aussi l'offensive. J'ai donc multiplié les démarches auprès

du maréchal French. Je ne le connaissais pas personnellement, mais j'avais été en relation avec plusieurs
de ses officiers, alors qu'il opérait au Transvaal et
que j'étais moi-même à Madagascar. Bref, il a consenti à marcher, mais à la condition formelle d'avoir
ses flancs appuyés. C'est ainsi que j'ai dû, à mon corps
défendant, diriger au sud de la Marne la 8e division
du 4e corps qui venait à peine de débarquer, et qui
eût été bien mieux placée sur le flanc gauche de la
6e armée, pour agir sur *les lignes de retraite* des Allemands. En même temps je m'ingéniai pour expédier
en toute hâte au général Maunoury (6e armée) tous
les renforts, troupes dont je pouvais disposer, au fur
et à mesure de leur débarquement, très retardé par
l'encombrement des lignes ferrées. Par chemin de fer,
par tous les taxi-autos de Paris réquisitionnés, j'ai
pu ainsi pousser jusqu'au front, sur l'aile gauche
Maunoury, vers Nanteuil-le-Haudouin, la 7e division,
bien réduite malheureusement, une division de réserve
du général Ebener, la cavalerie, etc. Je vous envoie
copie de l'ordre d'opérations avec un croquis vous
indiquant bien la situation au moment où je vous
écris. J'ai passé ces deux dernières journées sur le
front. Hier, j'ai poussé jusqu'à la ligne de feu, un peu
au delà de Monthyon. Tout allait bien, mais nous avons
déjà des pertes considérables : 55e division de réserve
réduite à peine à un régiment, brigade marocaine,
division algérienne. Il faut bien se rendre compte
qu'après ces rencontres les troupes qui y ont pris
part ont besoin immédiatement d'être reconstituées

surtout en cadres. Il est vrai que les Allemands sont peut-être encore plus exténués que nous. Hier un convoi de prisonniers vers Monthyon marchait tout seul sans être gardé, les hommes saluant, mais ne cherchant nullement à s'échapper. Ils paraissent exténués, ne songeant qu'à dormir. C'est le moins épuisé et celui qui saura le mieux réparer ses pertes et ses forces qui aura raison de l'autre. Je vous remercie pour la solution de l'incident Doumer. Je vous serai reconnaissant de dire à M. Viviani que j'ai compris ses instructions et m'y conformerai. M. Doumer n'existe pas comme personnage officiel. Il n'agit qu'en mon nom et par mon ordre. C'est un anonyme. Moi, mes fonctions militaires, mes préoccupations de commandant d'armée sont tout aujourd'hui. Et d'autre part, je tiens à diriger moi-même, de haut et avec l'impulsion rapide qu'il convient aujourd'hui, tous les services dits civils. Pour cela il me fallait un homme que j'ai cherché et n'ai pas trouvé. C'est pour cela que j'ai accepté de suite, après vous avoir consulté, les services que m'offrait M. Doumer qui, une heure après votre avis, avait déjà organisé ses services. M. Delanney, que j'avais prévenu, s'est montré très satisfait de cette solution. J'ai vu hier M. Albert Thomas, qui m'a présenté M. Renaudel, que j'ai assuré de tout mon concours et que j'ai remercié pour le sien. Comme je vous l'ai dit, Monsieur le Ministre, je ne fais pas de politique, qui n'est pas de ma compétence. Je ne m'occupe que de la mission que vous m'avez donnée.

Enfin je vous demanderai de ne pas oublier que Paris, avec ses territoriaux en nombre insuffisant, avec ses ouvrages médiocres et très exposés, avec son matériel d'artillerie démodé (nos pièces ne portent qu'à 8 kilomètres contre les pièces allemandes portant à 14 kilomètres), ne peut se défendre longtemps et dans de bonnes conditions. Il est donc indispensable, quoi qu'il arrive, que l'armée d'opérations le défende. Aujourd'hui je me suis démuni de tout pour le front. Il est bon de savoir cela. Constamment, quoi qu'il arrive, Paris doit toujours être couvert par l'armée.

Veuillez agréer, monsieur le Ministre, l'hommage de mon respectueux dévouement.

Signé : GALLIÉNI.

Le Gouvernement avait prescrit d'envoyer trois corps actifs pour la défense de Paris. Actuellement ils n'y sont pas. Le Gouvernement et le Général en chef ne doivent pas perdre de vue cette situation.

Signé : GALLIÉNI.

MINISTÈRE
DE LA GUERRE

Cabinet
du ministre

9/ 9 14.

Mon cher Général,

Je vous remercie de votre lettre que j'ai lue avec le plus vif intérêt. Les dispositions par vous prises et les résultats déjà obtenus justifient, comme j'en étais assuré, la confiance absolue que le Gouvernement a mise en vous pour la défense de Paris.

Une fois de plus, je vous prie de ne pas oublier que, maître et responsable de la défense du Camp retranché, vous avez toute liberté pour le choix de votre personnel comme pour les mesures de tout genre que vous estimerez utiles. Défendre et sauver Paris, tout doit être subordonné à ce but, tout disparaît devant lui.

Comptez absolument sur moi pour, s'il en était besoin, vous appuyer et vous seconder. Le Gouvernement est unanimement résolu à s'en remettre à vous, sans discussion, pour la défense de Paris et à faciliter votre tâche par tous les moyens.

Agréez, mon cher Général, la nouvelle assurance de mes sentiments de haute considération et de dévouée sympathie.

Signé : A. MILLERAND.

Les ordres que vous avez donnés pour l'emploi de la cavalerie sur les derrières de l'ennemi me paraissent particulièrement heureux. Le conseil des Ministres,

qui vient de se tenir, a été très frappé de la préoccupation, si justifiée, que vous m'avez fait connaître
touchant l'évacuation possible des populations de la
banlieue de Paris. Étant donné les difficultés d'une
opération si ample et si délicate, il n'a pas jugé inutile
de prier le ministre des Travaux publics, M. Marcel
Sembat, accompagné de notre collègue, M. Briand,
d'aller jusqu'à Paris pour en examiner, d'accord avec
vous, les modalités. Ils arriveront sans doute demain
matin pour rentrer ici samedi ou dimanche.

A. M.

Copie   Paris, 11/9 1914.

Monsieur le Ministre,

Je vous suis profondément reconnaissant pour votre lettre du 9 courant et pour le témoignage de confiance qu'elle m'apporte. Tout le monde travaille avec l'énergie et la méthode qui conviennent pour tirer le meilleur parti possible de la situation défavorable que vous connaissez. Mais avant tout, il faut défendre Paris par nos forces actives. C'est pour cela que je me suis préoccupé de reconstituer en deux jours l'armée de Paris (6ᵉ armée) qui m'arrivait assez mal en point et de la jeter aussitôt par les moyens les plus rapides sur le flanc droit des Allemands. Et, maintenant que la manœuvre a réussi, et que la 5ᵉ armée a pu enfin se dégager de l'adversaire qui la poussait depuis Namur, j'envoie au front, au fur et à mesure qu'ils débarquent, et toujours par les moyens les plus rapides, les troupes dont je puis disposer, divisions de réserve Ebener, brigade de spahis, etc.

Je vous serais reconnaissant, monsieur le Ministre, de nous faire envoyer d'urgence les mitrailleuses que je vous ai demandées, 150, dont 50 pour les troupes de nouvelle formation (pouvant suivre l'infanterie) et 100 pour les auto-mitrailleuses (nous ferons les installations ici), destinées à accompagner les raids que j'envoie chaque jour maintenant sur les derrières de l'ennemi vers Noyon et au nord de Soissons où ils jettent le désordre. De même, je vous demande de nous faire parvenir les pièces de 75, une trentaine au moins, que je vous ai demandées, avec le plus de munitions possible pour ces pièces et pour nos lebels. Je n'ose vous demander des fusils, mais nous en aurions un bien grand besoin pour armer nos nouvelles formations, 2 bataillons étrangers, bataillons français, etc., destinés à être envoyés au front dès qu'ils seront instruits suffisamment.

Je vous demanderai surtout à ce que tout le monde soit bien prévenu que l'on ne peut plus rien prendre dans les magasins du Camp retranché : intendance, artillerie, service de santé. Tous nos magasins sont vides. Les approvisionnements destinés au Camp retranché ont été enlevés. Dans ces conditions il n'y a pas de défense possible. Le premier devoir d'un commandant de place forte est de se rendre compte de ses ressources et de veiller à ce qu'elles ne soient pas gaspillées. Actuellement nous n'avons plus rien : habillements, armes, munitions, matériel d'ambulance et, si vous ne venez à notre aide, nous sommes complètement réduits à l'impuissance. C'est en dehors de Paris qu'il faut puiser maintenant les moyens à utiliser pour la défense nationale. Ici nous pourrions maintenant lever près de 40.000 hommes. Nous n'avons ni habillement, ni armement, ni équipement.

J'ai vu MM. Briand et Sembat et j'ai réglé avec eux et le préfet de la Seine la question de l'évacuation de la banlieue de Paris.

Veuillez agréer, monsieur le Ministre, l'hommage de mon respectueux dévouement.

Signé : GALLIÉNI.

ARMÉES DE PARIS

Copie

Paris, le 2 septembre 1914.

Le Général Galliéni, Gouverneur de Paris,
au Général Joffre.

Reçu votre télégramme chiffré de ce jour. Ai vu le général Maunoury aujourd'hui à 11 heures.

En résumé, la situation est la suivante :

L'armée du général Maunoury tenait hier soir le front Clermont-Compiègne. Elle avait un détachement à Verberie, qui a eu un succès vis-à-vis des colonnes de cavalerie allemande.

Le général Maunoury se replie de façon à gagner le plus rapidement possible les positions qui lui ont été assignées en avant du front nord de Paris. Mais d'une part la cavalerie allemande se trouve déjà sur son flanc droit et derrière lui; d'autre part, l'armée anglaise a reculé jusqu'à la Marne, ayant été attaquée vigoureusement hier par des forces supérieures.

Le maréchal French demande l'appui des troupes du Camp retranché de Paris.

J'ai l'impression qu'il va reculer encore, sans s'occuper ni de Paris, ni même de la mission que vous lui avez donnée et que je ne connais pas. Il est donc possible, dans ces conditions, que le général Maunoury éprouve quelque difficulté à remplir la mission donnée.

L'ennemi cherche évidemment à le couper de Paris.

D'autre part, je me demande si cette marche rapide des Allemands ne gênera pas l'arrivée du 4° corps.

Je vous rappelle encore une fois ce que je vous ai
dit dans trois conversations téléphoniques, ce que
j'ai répété au conseil des Ministres, au président de
la République et au ministre de la Guerre : « Paris,
si vous ne lui donnez pas des troupes actives de renfort, au moins trois corps d'armée, est dans l'impossibilité de résister. »

Signé : GALLIÉNI.

Pour copie conforme,
P. O. *Le sous-chef d'État-Major,*

    Signé : SIMON.

3 septembre 1914.

Commandant en chef à Général Galliéni,
Gouverneur militaire de Paris.

J'ai reçu votre lettre du 2 septembre relative à la défense de Paris.

D'après les derniers renseignements qui me sont parvenus, et qui proviennent d'un radio surpris, le corps de cavalerie allemande auquel a eu à faire l'armée du général Maunoury dans la journée du 1ᵉʳ septembre doit aujourd'hui 3 avoir repos à Nanteuil-le-Haudouin et environs.

Il ne semble pas que cette cavalerie puisse atteindre le flanc droit ou les derrières de la 6ᵉ armée ; dans tous les cas, ce ne pourrait être qu'avec quelques coureurs qu'il vous sera aisé de disperser, et qui n'empêcheront pas le général Maunoury d'occuper les positions *que vous lui aurez fixées.*

D'ailleurs les colonnes de toutes armes orientées contre la 6ᵉ armée et faisant partie de la Iʳᵉ armée allemande étaient hier au sud de la forêt de Compiègne ; elles ne pourraient être devant Paris avant quelques jours.

Or, vous pourrez disposer des éléments ci-après :

1º L'armée du général Maunoury, comprenant le 7ᵉ corps et 3 divisions de réserve qui se sont jusqu'ici très bien comportées ;

2º La 45ᵉ division ;

3° Le 4° corps qui commence à débarquer le 3 septembre à partir de 10 heures; les derniers combattants arriveront le 5 septembre à midi : vous pourrez utiliser les unités de ce corps d'armée au fur et à mesure de leur débarquement;

4° les divisions de réserve 61 et 62 du général Ebener, qui ne tarderont pas, je l'espère, à reprendre quelque cohésion ;

5° Vos divisions territoriales qui ont certainement de la valeur dans des ouvrages ou des retranchements.

D'autre part, je viens d'être avisé que le maréchal French n'était pas pressé par l'ennemi et qu'il serait ce soir sur la ligne de la Marne, la droite vers la Ferté-sous-Jouarre.

En ce qui concerne le renforcement de la garnison de Paris, par un nouveau corps d'armée actif, cela m'est tout à fait impossible, tant en raison de la situation que des emplacements actuels de nos forces.

Signé : JOFFRE.

Ci-joint 1° copie de la lettre que j'ai adressée au maréchal French par l'intermédiaire du ministre de la Guerre;

2° De la note pour les commandants d'armée en date du 2 septembre.

3° De la lettre adressée au ministre de la Guerre en date du 2 septembre.

                              3 septembre 1914.

Le Général gouverneur de Paris,
au Général Joffre, Commandant en chef.

Je viens de recevoir du ministre de la Guerre un
ordre m'informant que le Camp retranché de Paris
est placé sous vos ordres dans les conditions prévues
par l'article 144 de l'instruction sur la conduite des
grandes unités et l'article 151 du décret sur le service
de place, afin de vous permettre, le cas échéant, d'associer la garnison mobile de la place aux opérations des
armées en campagne, sans que cette garnison puisse
être éloignée de la place à une distance trop grande
pour en compromettre la sécurité.

J'ai l'honneur de vous demander en conséquence
de vouloir bien me donner vos instructions sur le rôle
que vous entendez assigner au Camp rçtranché de
Paris et à l'armée de Paris dans l'ensemble des opérations.

A ce sujet, permettez-moi de vous rappeler que la
garnison de Paris comporte une proportion considérable de troupes territoriales dont la valeur manœu-
vrière est très faible et qui ne sont que très imparfaitement outillées comme troupes de campagne
(n'ont ni T. C., ni T. R. Je m'emploie à leur constituer des embryons de ces trains). D'autre part ces
troupes sont faiblement pourvues en artillerie et

munitions. Elles n'ont ni parcs, ni convois, ni ambulances.

Sauf ordre contraire de votre part, je m'efforcerai de tenir dans Paris le plus longtemps possible.

Signé : GALLIÉNI.

MESSAGE TÉLÉPHONIQUE LE 1er SEPTEMBRE 1914,
A 18 h. 30.

*Gouverneur militaire de Paris
à Général commandant la 6e armée.*

Général Joffre a téléphoné que vous étiez placé sous mes ordres, à dater de ce jour. Je vous envoie ordre d'opérations, qui se résume ainsi : attirer sur vous forces allemandes venant nord et est ; manœuvrer en retraite en ménageant forces pour défense ultérieure Camp retranché. Vous diriger sur zone comprise entre Marne et prendre route Paris-Senlis. Groupe cavalerie Sordet opérera sur rive droite Oise pour couvrir votre gauche.

Signé : GALLIÉNI.

TABLE DES MATIÈRES

	Pages.
AVANT-PROPOS	7
CHAPITRE PREMIER	17
CHAPITRE II	45
CHAPITRE III	63
CHAPITRE IV	97
CHAPITRE V	135
CHAPITRE VI	151
CHAPITRE VII	171
DOCUMENTS : Lettres de commandement, Correspondance du Général Galliéni avec le Ministre de la Guerre, le Maréchal Joffre, le Maréchal French, etc... Ordres du jour, etc.	199

TABLE DES GRAVURES HORS TEXTE

	Pages.
En frontispice : Le Général Galliéni gouverneur militaire de Paris (26 août 1914-30 octobre 1915).	7
Proclamation (affiche)	65
Proclamation (autographe)	72-73
Le Général Galliéni dans son bureau du Lycée Victor Duruy (septembre 1914).	81
Affiches américaines (français et allemand)	86-87
Autographes du Général Galliéni.	104-105-117-125
Le Général Galliéni pendant la bataille de la Marne (septembre 1914).	129
Le Général Galliéni sortant du Trocadéro avec MM. Mithouard et Laurent	177
7 cartes en déplié.	

Paris. — Typ. PH. RENOUARD, 19, rue des Saints-Pères. — 55374

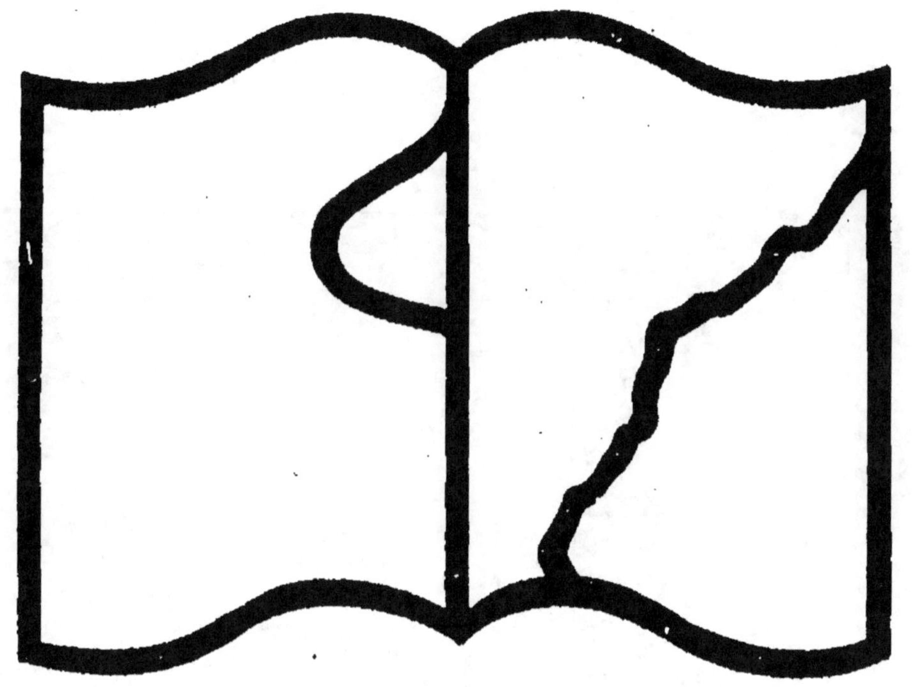

Texte détérioré — reliure défectueuse
NF Z 43-120-11

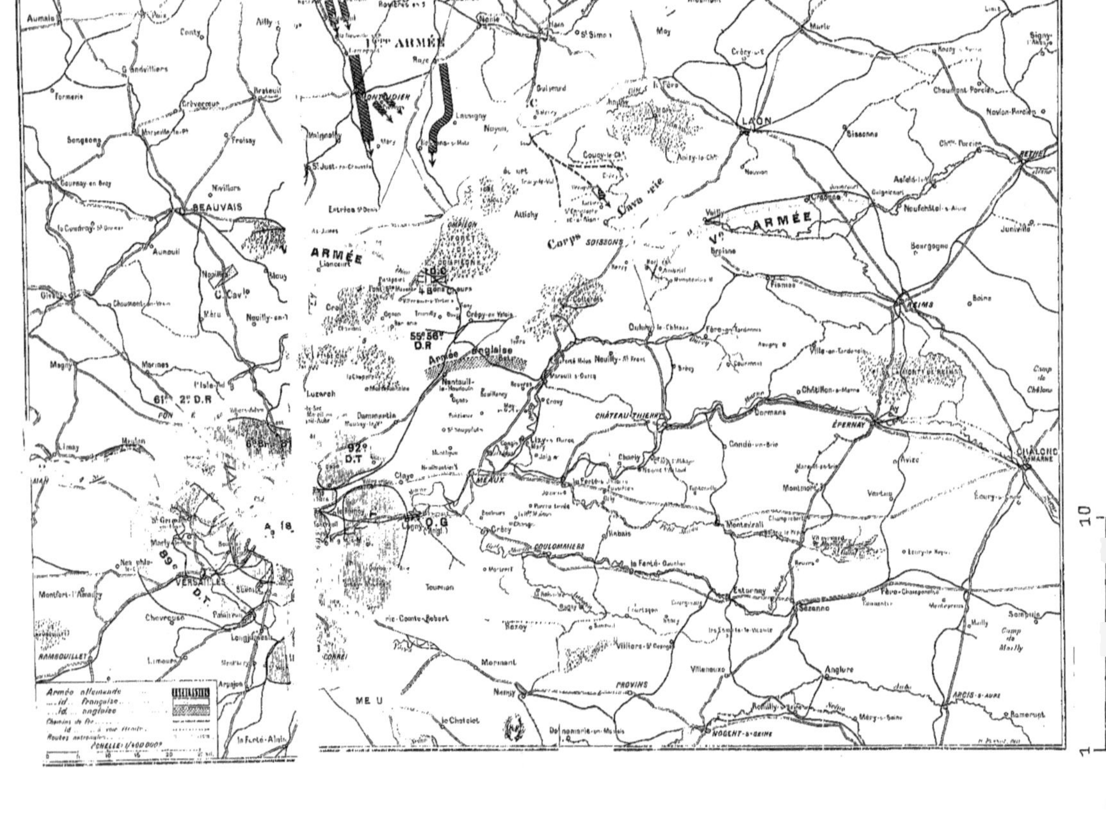

Situation le 1er Septembre 1914.
Ire ARMÉE
ARMÉE
Ve ARMÉE
BEAUVAIS
VERSAILLES
RAMBOUILLET
LAON
REIMS
ÉPERNAY
CHÂLONS-s-MARNE
CHÂTEAU-THIERRY
COULOMMIERS
PROVINS
SÉZANNE
NOGENT-s-SEINE
ARCIS-s-AUBE
ÉCHELLE: 1/400.000e
Armée allemande
id. française
id. anglaise
Chemins de fer
id. à voie étroite
Routes nationales

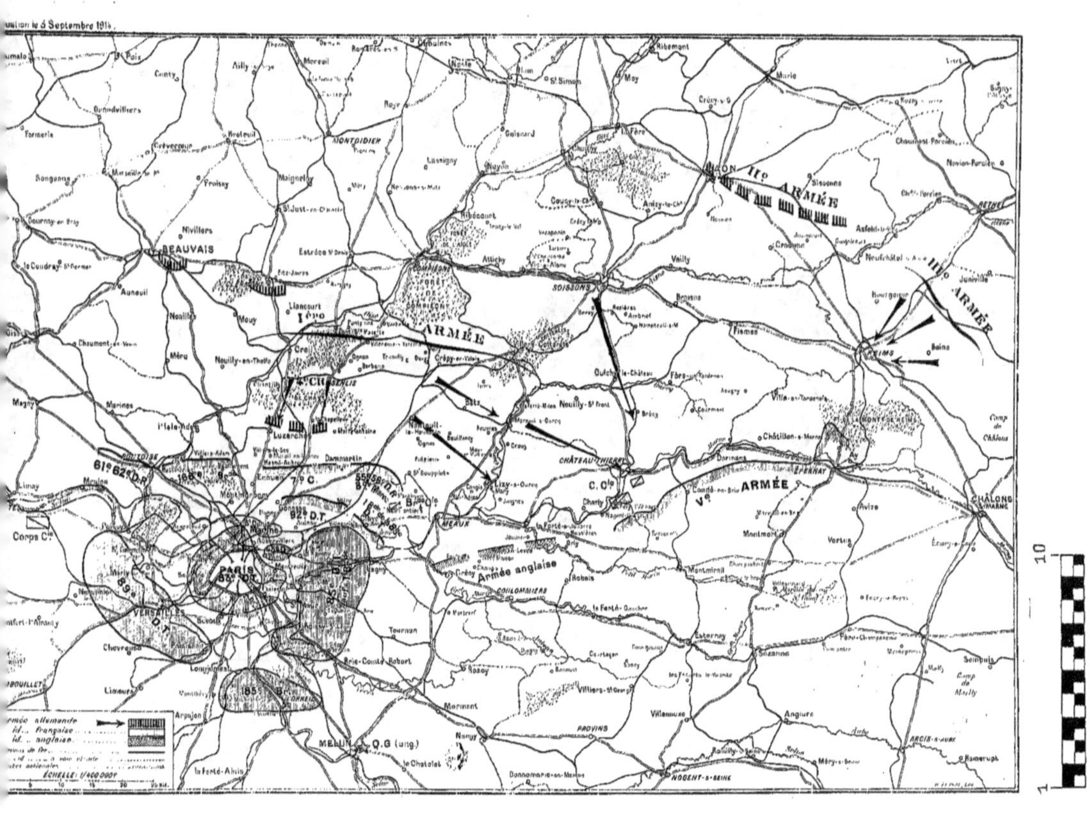

Situation le 6 Septembre 1914.
BEAUVAIS
MONTDIDIER
LAON
IIe ARMÉE
RETHEL
SOISSONS
REIMS
IIIe ARMÉE
Iere ARMÉE
CHÂTEAU-THIERRY
ÉPERNAY
CHÂLONS-s-MARNE
Ve ARMÉE
PARIS
VERSAILLES
MEAUX
Armée anglaise
COULOMMIERS
MELUN Q.G (ang)
PROVINS
NOGENT-s-SEINE
ARCIS-s-AUBE
Armée allemande
id. française
id. anglaise
Chemins de fer
ÉCHELLE: 1/400.000e

Situation le 5 Septembre 1914

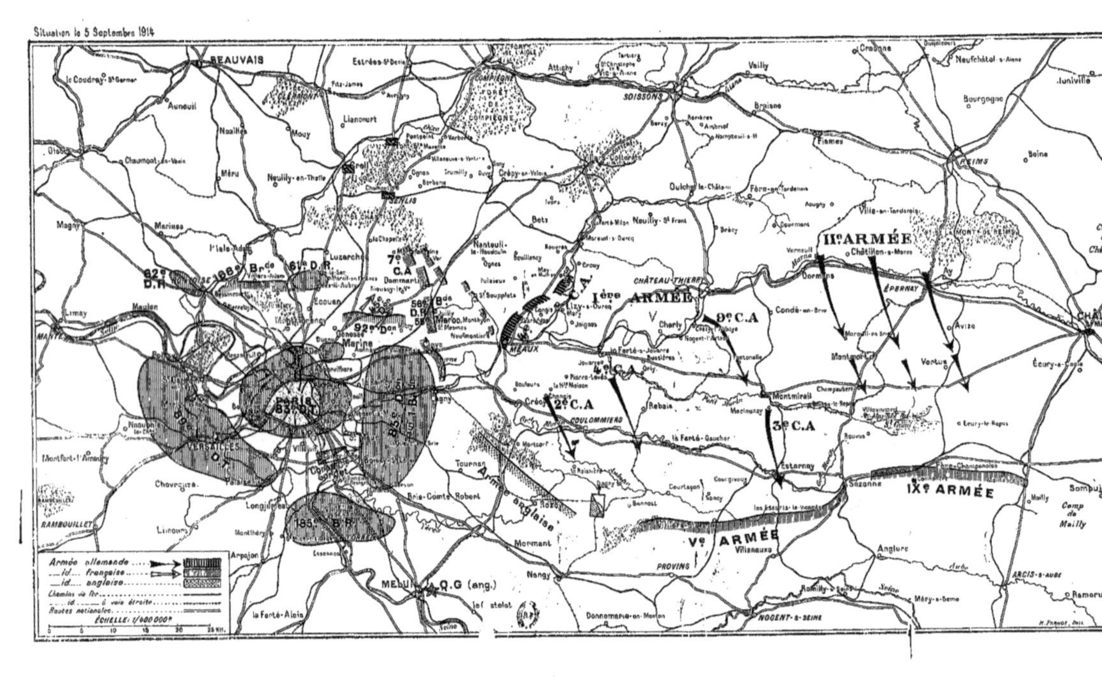

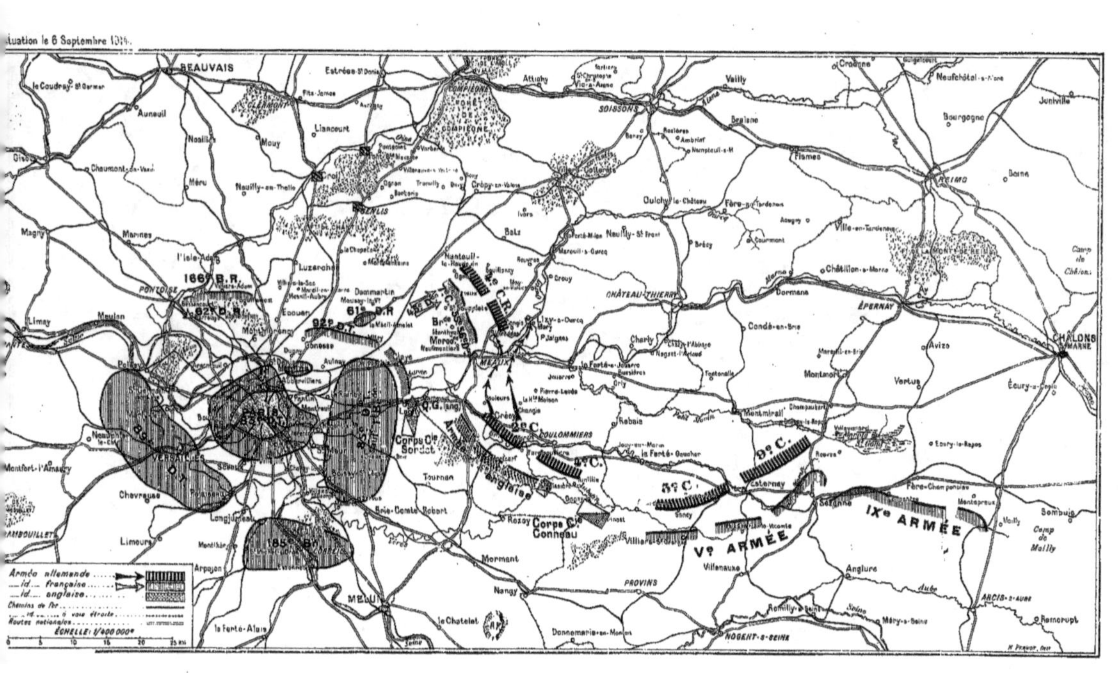
Situation le 6 Septembre 1914.
BEAUVAIS
SOISSONS
REIMS
CHÂLONS-s-MARNE
ÉPERNAY
CHÂTEAU-THIERRY
COMPIÈGNE
SENLIS
PONTOISE
MEAUX
COULOMMIERS
PROVINS
NOGENT-s-SEINE
ARCIS-s-AUBE
MELUN
IXe ARMÉE
Ve ARMÉE
Corps Cie Conneau
Corps Cie Sordet
Q.G. (ang)
2e C.
3e C.
9e C.
PARIS
VERSAILLES
Armée allemande
id. française
id. anglaise
Chemins de fer
id. à voie étroite
Routes nationales
ÉCHELLE: 1/800.000e
0   5   10   15   20   25 km

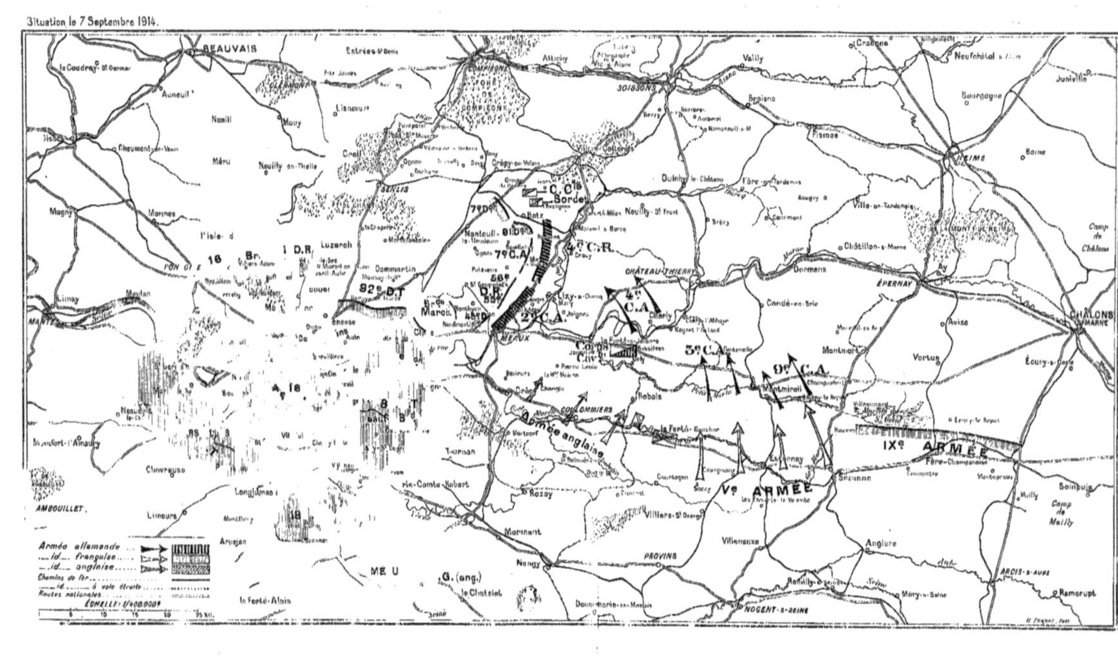
Situation le 7 Septembre 1914.
BEAUVAIS
SOISSONS
REIMS
SENLIS
CHÂTEAU-THIERRY
ÉPERNAY
CHÂLONS s MARNE
MEAUX
COULOMMIERS
Armée anglaise
Ve ARMÉE
IXe ARMÉE
PROVINS
NOGENT-s-SEINE
ARCIS-s-AUBE
RAMBOUILLET
MANTES
7e C.A
2e C.
4e C.A
5e C.A
9e C.A
C. Cie Sordet
92e D.T
Échelle 1/600.000
Armée allemande
Id. française
Id. anglaise
Chemins de fer
Id. à voie étroite
Routes nationales

...tuation le 9 Septembre 1914.

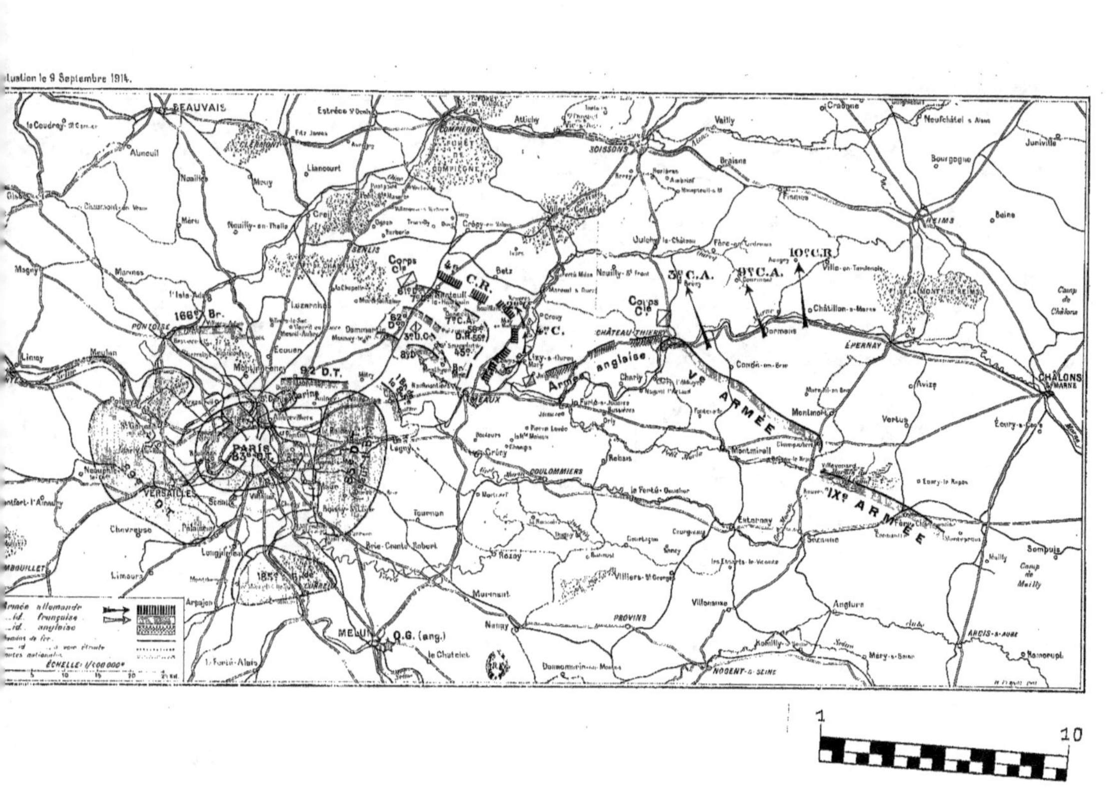
BEAUVAIS
le Coudray-St Germer
Auneuil
Noailles
Méru
Nouilly-en-Thelle
Liancourt
Estrées-St Denis
COMPIÈGNE
FORÊT DE COMPIÈGNE
SOISSONS
Attichy
Vailly
Cr"onne
Neufchâtel-s Aisne
Bourgogne
Juniville
Gisors
Chaumont-en-Vexin
REIMS
Beine
Magny
Marines
l'Isle-Adam
Betz
Villers-Cotterets
Fère-en-Tardenois
Camp de Châlons
PONTOISE
Luzarches
166e Br.
CHÂTEAU-THIERRY
10e C.R.
Châtillon-s-Marne
ÉPERNAY
Limay
Meulan
Corps Cle
4e C.R.
7e C.A.
3e C.A.
9e C.A.
Dormans
CHÂLONS-s-MARNE
92 D.T.
Corps Cle
4e C.
Armée anglaise
Condé-en-Brie
Ve ARMÉE
Avize
Montmort
Vertus
Étoges
PARIS
MEAUX
la Ferté-s-Jouarre
Charly
Montmirail
IXe ARMÉE
VERSAILLES
Lagny
COULOMMIERS
la Ferté-Gaucher
Esternay
Sézanne
Camp de Mailly
Chevreuse
Longjumeau
Brie-Comte-Robert
Rozoy
Villiers-St Georges
Anglure
ARCIS-s-AUBE
Limours
Tournan
Villenauxe
Mailly
RAMBOUILLET
Arpajon
Nangis
PROVINS
MELUN
O.G. (ang.)
la Ferté-Alais
le Châtelet
NOGENT-s-SEINE
Méry-s-Seine
Armée allemande
id. française
id. anglaise
ÉCHELLE: 1/600.000e
10   15   20   25 Kil.

Situation le 10 Septembre 1914 (Soirée).

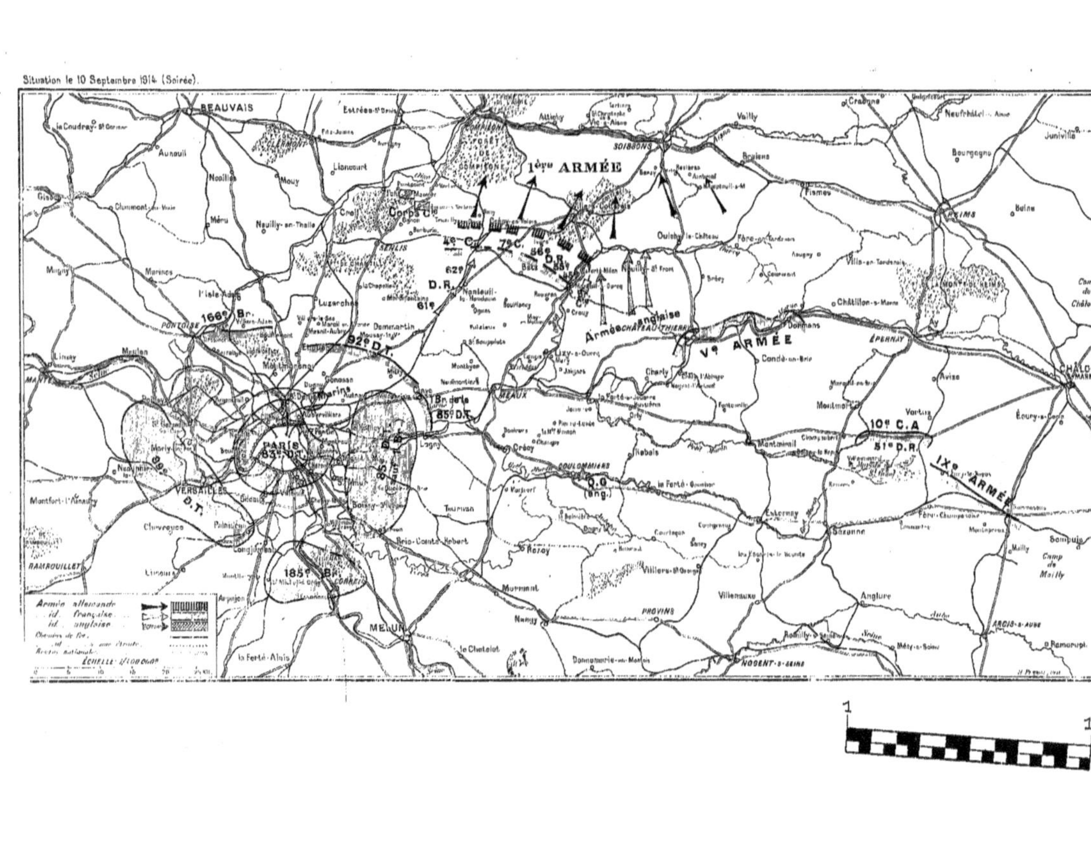

BEAUVAIS
SOISSONS
Vailly
1ère ARMÉE
FORÊT DE COMPIÈGNE
Attichy
Vic-s-Aisne
REIMS
4e C.A.
7e C.
56e D.R.
62e
D.R.
61e
Corps C.
Nanteuil-le-Haudouin
la Ferté-Milon
Neuilly-St-Front
Oulchy-le-Château
Fère-en-Tardenois
Armée anglaise
CHÂTEAU-THIERRY
Ve ARMÉE
Dormans
ÉPERNAY
CHÂLONS-s-MARNE
Charly
Condé-en-Brie
166e Br.
PONTOISE
92e D.T.
MEAUX
85e D.T.
Lagny
Marine
PARIS
83e D.T.
VERSAILLES
D.T.
Créy
COULOMMIERS
Q.G.
(ang.)
Boissy-St-Léger
Brie-Comte-Robert
10e C.A.
51e D.R.
IXe ARMÉE
RAMBOUILLET
185e Br.
CORBEIL
la Ferté-Alais
MELUN
le Châtelet
PROVINS
NOGENT-s-SEINE
Villenauxe
Anglure
ARCIS-s-AUBE
Camp de Mailly
Camp de Châlons
Armée allemande
id. française
id. anglaise
Chemins de fer
Routes nationales
Échelle 1/1.000.000